HISTÓRIA ANTIGA
GRÉCIA E ROMA

CB054569

Dados Internacionais de Catalogação na Publicação (CIP)
(Câmara Brasileira do Livro, SP, Brasil)

Eyler, Flávia Maria Schlee
  História antiga : Grécia e Roma : a formação do Ocidente / Flávia Maria Schlee Eyler. 3. ed. – Petrópolis, RJ : Vozes ; Rio de Janeiro : PUC-Rio, 2014. – (Série História Geral)

  8ª reimpressão, 2024.

  ISBN 978-85-326-4668-2 (Vozes)
  ISBN 978-85-8006-111-6 (PUC-Rio)

  1. Civilização antiga 2. Egito – História 3. Grécia – História 4. Roma – História I. Título. II. Série.

13-09547   CDD-930

Índices para catálogo sistemático:
1. Civilizações antigas   930

Flávia Maria Schlee Eyler

HISTÓRIA ANTIGA
GRÉCIA E ROMA

A formação do Ocidente

© 2014, Editora Vozes Ltda.
Rua Frei Luís, 100
25689-900 Petrópolis, RJ
www.vozes.com.br
Brasil

CONSELHO EDITORIAL

Diretor
Volney J. Berkenbrock

Editores
Aline dos Santos Carneiro
Edrian Josué Pasini
Marilac Loraine Oleniki
Welder Lancieri Marchini

Conselheiros
Elói Dionísio Piva
Francisco Morás
Gilberto Gonçalves Garcia
Ludovico Garmus
Teobaldo Heidemann

Secretário executivo
Leonardo A.R.T. dos Santos

PRODUÇÃO EDITORIAL

Aline L.R. de Barros
Marcelo Telles
Mirela de Oliveira
Otaviano M. Cunha
Rafael de Oliveira
Samuel Rezende
Vanessa Luz
Verônica M. Guedes

Conselho de projetos editoriais
Luísa Ramos M. Lorenzi
Natália França
Priscilla A.F. Alves

© Editora PUC-Rio
Rua Marquês de São Vicente, 225
Casa da Editora PUC-Rio
Gávea
22451-900 Rio de Janeiro, RJ
Tel.: (21) 3527-1760/1838
edpucrio@puc-rio.br
www.puc-rio.br/editorapucrio

Reitor
Pe. Josafá Carlos de Siqueira, S.J.

Vice-reitor
Pe. Álvaro Mendonça Pimentel, S.J.

Vice-reitor para Assuntos Acadêmicos
Prof. José Ricardo Bergmann

Vice-reitor para Assuntos Administrativos
Prof. Luiz Carlos Scavarda do Carmo

Vice-reitor para Assuntos Comunitários
Prof. Augusto Luiz Duarte Lopes Sampaio

Vice-reitor para Assuntos de Desenvolvimento
Prof. Sergio Bruni

Decanos
Prof. Júlio Cesar Valladão Diniz (CTCH)
Prof. Luiz Roberto A. Cunha (CCS)
Prof. Luiz Alencar Reis da Silva Mello (CTC)
Prof. Hilton Augusto Koch (CCBM)

Conselho Gestor Editora Puc-Rio
Augusto Sampaio, Danilo Marcondes,
Felipe Gomberg, Hilton Augusto Koch,
José Ricardo Bergmann, Júlio Cesar Valladão
Diniz, Luiz Alencar Reis da Silva Mello,
Luiz Roberto Cunha, Miguel Pereira e
Sergio Bruni.

Editoração: Maria da Conceição B. de Sousa
Diagramação: Sandra Bretz
Arte-finalização de gráficos e mapas: Fábio Oliveira de Souza
Capa: Felipe Souza | Aspectos
Imagem de capa: ©Stephen Coburn | Dreamstime – Estátua de uma deusa romana.

ISBN 978-85-326-4668-2 (Vozes)
ISBN 978-85-8006-111-6 (PUC-Rio)

Todos os direitos reservados. Nenhuma parte desta obra poderá ser reproduzida ou transmitida por qualquer forma e/ou quaisquer meios (eletrônico ou mecânico, incluindo fotocópia e gravação) ou arquivada em qualquer sistema ou banco de dados sem permissão escrita da editora.

Este livro foi composto e impresso pela Editora Vozes Ltda.

Aos que já se foram e aos que ainda não chegaram dedico uma saudação:

EVOHÉ BAKKOS

Evohé deus que nos deste
A vida e o vinho
E nele os homens encontram
O sabor do sol e da resina
E uma consciência múltipla e divina

Sophia de M.B. Andresen

Agradecimentos

Como tudo é *Clio*, mas também *Bacco*, pelo alfabeto ordeno um mínimo múltiplo comum de amizade e gratidão para com:

Ana Maria Magaldi, Ana Luisa Nobre, Antonio Edmilson, Berenice Cavalcante, Cecília Cotrim, Eunícia Fernandes, Fátima Barroso, Gabriela Carvalho, Gabriel Quintella, Heloísa Gesteira, Henrique Estrada, Isabela Fernandes, Ilmar R. de Mattos, Isolda Levy, Luis Reznik, Marco Antonio Pamplona, Marcos Veneu, Margarida de S. Neves, Maurício Parada, Maria Elisa de Sá, Marcelo Jasmin, Masao Kamita, Paloma Brito, Rachel Froes, Ricardo Benzaquen, Selma de Mattos e Umberto Alvin.

Como tudo é *mythos*, mas também *lógos*, agradeço ao abrigo de Ana Virgínia Heine, Edméa Campbell, Maria Clara M. Motta, Ruth Leite Dantas e Walquiria de Oliveira.

Como tudo é *labor*, louvo Anair de Oliveira, Claudio Santiago, Cleusa Ventura, Edna Timbó e Moisés Sant'Anna.

Como tudo é também distância de água e ar, chamo por Isolda Guillaume, Simone Osthoff e Virgínia Figueiredo.

Como tudo é criação, agradeço pelas traduções de Sonia Lacerda e Bernardo Ferreira.

Como tudo é, e não é, instalo a dúvida.

Sumário

Apresentação da coleção, 11

Lista das ilustrações, 17

Introdução – Caminhos históricos do mundo greco-romano
e a formação do Ocidente, 19

Parte I O mundo grego, de Aquiles a Alexandre, 23

1 A realeza micênica e Homero, 25

2 Periodização da história grega, 29

    Realeza micênica, 29

    Período das trevas, 30

        Ilíada, 30

        Odisseia, 31

    Período arcaico, 31

    Período clássico, 32

    Período helenístico, 32

3 As epopeias homéricas como fonte histórica, 35

4 Cronologia e observações sobre algumas escavações micênicas, 37

5 A partilha do mundo entre deuses e homens, 45

6 O louvor e a censura como estatuto das diferenças entre os homens, 51

7 Hesíodo e a época arcaica, 59

8 A *pólis*: problemas e soluções em Esparta e Atenas, 67

    O estilo de vida dos nobres, 67

    O corpo da cidade como corpo do cidadão, 96

    O teatro trágico como necessidade da democracia e as guerras, 102

    Limites da experiência democrática ateniense, 108

9 A crise do mundo grego e a expansão macedônica, 113

Conclusão, 129

Referências, 135

Parte II O caminho histórico do mundo romano, 139
Introdução, 141
1 A fundação e expansão de Roma, 145
2 A helenização de Roma e suas lendas, 151
3 O sagrado e o profano nas origens de Roma, 163
4 A crise social de Roma e os Gracos, 169
5 Origem e sentido do *census*, 185
6 O Império Romano, 191
7 A crise do século III, 201
8 Limites da expansão romana, 205
9 Percursos da educação em Roma, 213
10 A conquista romana e o sincretismo cultural, 215
Conclusão, 223
Referências, 231

Apresentação da coleção

A coleção de quatro volumes sobre História geral que ora oferecemos aos leitores pretende apresentar obras que se caracterizem pelo absoluto rigor acadêmico, com informações precisas, bibliografia geral e específica e notas explicativas, mas cujos textos tenham como qualidades indispensáveis a fluência e a clareza. Mesmo em momentos mais conceituais a intenção é evitar um hermetismo artificialmente ilustrado.

Embora os livros tenham sido concebidos no âmbito de um mesmo projeto e, nesse sentido, se complementem, cada um deles é formatado de tal modo que pode ser adotado isoladamente na medida das necessidades específicas de professores e alunos.

Nesse sentido, o trabalho está direcionado para alunos de graduação das áreas de Ciências Sociais e Humanas, dentre elas: História, Sociologia, Filosofia, Artes, Relações Internacionais, Geografia, Direito, Comunicação Social etc. Poderá, também, ser utilizado por estudantes e professores das últimas séries do Ensino Médio, assim como por pessoas simplesmente interessadas em conhecer melhor a história da nossa civilização.

Livro 1 – História antiga

O fio condutor desse volume diz respeito aos problemas e desafios colocados pela expansão capitalista europeia e a crescente experiência de um mundo globalizado. De início, talvez seja estranho pensar em que medida uma história de gregos e romanos possa contribuir para a compreensão do tempo presente. No entanto, a autora aposta que cabem, em grande medida aos historiadores, senão as respostas, pelo menos perguntas que possam ainda garantir um conceito de humanidade que contemple a pluralidade e as diferenças que se apresentam sempre abertas como possibilidade de vida humana neste mundo. A autora convida os leitores, então, ao exercício de um pensamento que possa nos colocar diante dos problemas que os homens gregos e romanos enfrentaram e configuraram ao longo de sua história. Obedecendo a uma cronologia, são apresentadas questões que dizem respeito, sobretudo, à partilha do mundo tanto entre gregos quanto entre os romanos. Partilha essa compreendida como os diferentes tipos de organização humana enquanto respostas a determinadas circunstâncias históricas.

Lançar questões para um mundo tão semelhante e ao mesmo tempo tão diferente do nosso pode ser enriquecedor para o ofício dos historiadores do século XXI na medida em que nos permite olhar de frente a questão da diferença e da alteridade na trajetória da própria história ocidental. Ao invés de construirmos um passado greco-romano para buscar origens que autorizem uma "superioridade" civilizatória ocidental, podemos encontrar outras possibilidades de identidade.

Para essa tarefa o livro contém uma primeira parte com a história dos gregos do fim da realeza micênica (século XII a.C.) até a expansão macedônica (século III a.C.) e uma segunda parte com a história dos romanos da realeza (século VII a.C.) até a construção e crise do império (século III d.C.).

Como já foi apontado, o fio condutor será desenvolvido através do contraste entre aquilo que nos parece tão familiar nessas sociedades, mas que, quando olhadas sob novas perspectivas, pode nos causar estranhamento. Assim, a aposta por esse jogo entre o mesmo e o diferente nos permitiria pensar sobre o tempo presente de modo mais criativo.

Livro 2 – História medieval do Ocidente

Este segundo volume tem por objetivo realizar um estudo acerca do Ocidente cristão entre os séculos V e XIV, envolvendo aspectos econômicos, políticos, sociais, culturais e religiosos. Para tanto, o período será dividido em dois grandes blocos, consagrados já pela historiografia, a saber: a *Alta Idade Média*, englobando os séculos V a X, e a *Baixa Idade Média*, que se inicia a partir do século XI e vai até o século XIV. O critério para esta divisão da Idade Média no Ocidente tem por base o feudalismo. A Alta Idade Média vai se caracterizar por um período de formação desta estrutura feudal, e no momento subsequente – a Baixa Idade Média –, esta estrutura já estará plenamente consolidada. Em cada um destes períodos serão apresentados grandes temas (economia, política, sociedade, religiosidade etc.), dentro da respectiva cronologia desta divisão historiográfica da Idade Média.

Livro 3 – História moderna

O livro se propõe a fornecer um mapa das contribuições da história social e da história intelectual/dos conceitos, articuladas por meio de três categorias – igrejas, estados e república internacional do dinheiro – que representam as forças em jogo na primeira época moderna e permitem orientar a seleção dos conteúdos de cada capítulo.

Entrecruzar igrejas, estados e república internacional do dinheiro permite relacionar linhagens historiográficas que costumam ser consideradas separadamente. De fato, as narrativas de história moderna tendem a apresentar as reformas, as guerras de religião e a expansão colonial como capítulos separados, histórias paralelas que não se comunicam entre si. Ao passo que os homens modernos que se depararam com os processos econômicos e políticos de seu tempo, para entender as mudanças e novidades que vivenciaram; para poder sugerir normas de comportamento ou servir ao sistema de poder no qual estavam inseridos, precisaram levar em consideração o entrelaçamento dessas forças, bem como produzir um conjunto de conhecimentos práticos e teóricos que os capacitassem a intervir no mundo que viviam. Todos aqueles que necessitavam compreender e diagnosticar as situações históricas que estavam vivendo, para orientar sua práxis, tiveram que, necessariamente, de algum modo, lidar com príncipes, soberanos, filósofos, artistas, eclesiásticos, mercadores e investidores.

O observatório do qual se parte é o da América inserida no Império Ibérico Ultramarino, ou seja, da América Portuguesa e suas relações atlânticas. Neste sentido é proposta uma periodização adequada a enfocar as novas relações estabelecidas entre conhecimentos, finanças, política e igrejas confessionais, mas sempre com particular atenção à experiência ibérica, privilegiando a apresentação dos conteúdos clássicos de história moderna (o humanismo renascentista, as reformas religiosas, a revolução artística, entre outros) em conexão com a caracterização da política da expansão colonial e da administração de grandes impérios ultramarinos que foram experiências fundadoras de nossa Modernidade.

Livro 4 – Formação do mundo contemporâneo

O texto central da obra está dedicado a apresentar aspectos sociais, culturais e políticos da chamada sociedade global entre o final do século XIX e o atual século XXI. Para tanto a obra está dividida em três grandes blocos, a saber: a formação da sociedade burguesa do final do século XIX (1870-1914); o período das grandes crises militares, sociais, ideológicas e econômicas (entre 1914 e 1945) e as tensões do tempo presente (1945-2001).

Cabe esclarecer nessa apresentação alguns aspectos dessa estrutura. O fio condutor da narrativa será o processo de tensão interno e externo derivado da expansão dos valores laicos, materialistas e racionalistas da sociedade europeia-americana ao longo desse extenso e turbulento período histórico.

Em um primeiro momento, o autor aborda a consolidação da "sociedade burguesa". Como esse termo é generalista e pode abrigar diversos processos e significados, refere-se especificamente à disseminação e o compartilhamento de experiências, projetos e valores que constituíram o centro da sociedade burguesa europeia. E por burguês é denominada uma forma definida de relação econômica assim como de política – a democracia parlamentar liberal; e, por fim, uma forma específica de visão de mundo – filtrada pela lente do indivíduo. Nenhum desses elementos era novo nem historicamente inédito no final do século XIX, mas sua configuração como rede de sustentação de uma "civilização", materialmente vigorosa e culturalmente autocentrada, permite considerar uma singularidade para as décadas que antecedem a Grande Guerra.

Em seguida, o livro aborda o momento conturbado cujo eixo é a grande guerra de "30 anos" entre 1914 e 1945. O conflito que se iniciou em 1914 e terminou com a explosão das bombas atômicas e o desvendamento do Holocausto, inaugurou o que diversos historiadores denominam de "era das catástrofes", denominação que se aplica ao continente europeu e também para o mundo.

Esse imenso "tempo sombrio", que envolve a Revolução na Rússia, a crise global de 1929 e os fascismos, mobilizou homens e consumiu recursos em todos os continentes. O período e suas crises não foi notável pelos territórios que tocou, mas pela extensão dos meios materiais que consumiu e pelo impacto cultural e social que marcou gerações em todos os continentes. Foi o grande período de tensão da moderna sociedade de consumo e do capitalismo internacionalizado.

Por fim, na terceira parte o texto enfoca o desenvolvimento entre dois movimentos interligados: as tentativas de construir uma ordem internacional estável e o movimento instável de ampliação do conceito de Estado-nação na direção do antigo "território colonial" construído pelas grandes potências desde o final do século XIX. A Guerra Fria ou o mundo unipolar do final do século XX e as guerras de libertação colonial, constituem os elementos que são apresentados, em diálogo, na última parte do livro.

Lista das ilustrações

Parte I O mundo grego, de Aquiles a Alexandre

1 Sítio micênico, 29

2 Homero, 30

3 Ruínas de Troia, 33

4 Micenas, 34

5 Heróis homéricos – Hídria Ática com figuras negras, c. 560 a.C., 36

6 Combate individual de heróis – Imagem de uma ânfora, 38

7 Ulisses e Penélope – Terracota de Milo, c. 450 a.C., 39

8 Deuses gregos – Baixo relevo arcaizante (Museu de Capitólio, Roma), 45

9 Zeus – Bronze de Olímpia, c. 490 a.C., 48

10 Hesíodo, 59

11 Aperfeiçoamento do corpo heroico, 62

12 A expansão colonial grega – Magna Grécia, 67

13 *Ágora* de Atenas, c. 400 a.C., 72

14 Formação coletiva de combate na *pólis* clássica, 86

15 Capacetes gregos, 86

16 Templo de Zeus em Olímpia, 101

17 Duas máscaras trágicas e duas cômicas do teatro grego, 102

18 A constituição de Sólon, 105

19 As guerras contra o Império Persa, 114

20 A multiplicação de ginásios na época helenística, 125

21 Urbanização do Oriente e criações dinásticas, 125

Parte II O caminho histórico do mundo romano

1 Estrutura do poder da realeza romana sob a dominação etrusca, 146

2 Estrutura do poder na República Romana, 147

3 As regiões de Roma, 153

4 Escultura da Loba Capitolina, 155

5 Imagens da Roma republicana, 161

6 Panteão em Roma, 164

7 A cidade de Roma, 166

8 Confederação romana, 168

9 As reformas agrárias dos Gracos, 172

10 Mapa da Itália conquistada por Roma em 334-241 a.C. – Detalhe da Itália Central em 338 a.C., 178

11 Expansão romana e suas consequências, 190

12 A ascensão de Júlio César, 193

13 A divisão do Império Romano e suas províncias, 197

14 Começos da Roma Imperial, 200

15 A constituição do Principado, 204

16 A cidade de Constantino, 227

Introdução

Caminhos históricos do mundo greco-romano e a formação do Ocidente

O fio condutor de nosso trabalho diz respeito aos problemas e desafios colocados pela expansão capitalista europeia e a crescente experiência de um mundo globalizado. De início, talvez seja estranho pensar em que medida uma história de gregos e romanos possa contribuir para a compreensão do tempo presente. No entanto, apostamos que cabem, em grande medida aos historiadores, senão as respostas, pelo menos perguntas que possam ainda garantir um conceito de humanidade que contemple a pluralidade e as diferenças que se apresentam sempre abertas como possibilidade de vida humana neste mundo. Convidamos nossos leitores, então, ao exercício de um pensamento que possa nos colocar diante dos problemas que os homens gregos e romanos enfrentaram e configuraram ao longo de sua história. Obedecendo a uma cronologia vamos apresentar questões que dizem respeito, sobretudo, à partilha do mundo tanto entre gregos quanto entre os romanos. Compreendemos a partilha como os diferentes tipos de organização humana e como respostas às determinadas circunstâncias históricas.

De saída, esse convite de aproximação entre o mundo greco-romano e o nosso exige o estabelecimento de alguns parâmetros. Muito embora as principais questões que se perpetuam no mundo ocidental tenham sua origem naquele mundo, há diferenças que devem ser consideradas. A formação da cidade-estado (*pólis*) entre os gregos e da república (*res publica*) e império (*imperium*) entre os romanos colocam em cena os principais conceitos que vão nortear incessantemente a história do mundo ocidental. Afinal, desde o Renascimento a história greco-romana e suas criações: como as variadas formas de organização política, os problemas da liberdade, da escravidão, do voto, do comércio, da guerra, da natureza e cultura, da civilização e barbárie entre outros, assumem diferentes conotações que certamente tiveram efeitos, muitas vezes nocivos ou não, sobre a época que as interpretava.

Uma história da antiguidade greco-romana, assim concebida, pode nos permitir uma reflexão sobre a própria historicidade do pensamento e da própria narrativa histórica. Neste sentido, recortar e percorrer as diferentes épocas desse mundo antigo é também encontrar diferenças e possibilidades que os homens, enquanto agentes criadores de seu mundo, realizam sob determinadas circunstâncias. Tais homens e tais circunstâncias devem ser bem delimitados para não incorrermos nos riscos de um anacronismo sem controle. Afinal, os gregos e romanos não podem ser pensados como os homens modernos, dotados de autoconsciência e subjetividade. Para eles, a vergonha e a honra eram fundamentais, ao passo que, para nós, o dever e a culpa se sobressaem.

Lançar questões para um mundo tão semelhante e ao mesmo tempo tão diferente do nosso pode ser enriquecedor para o ofício dos historiadores do século XXI na medida em que nos permitem olhar de frente o problema da diferença e da alteridade na trajetória da própria história ocidental. Ao invés de construirmos um passado greco-romano para buscar origens que autorizem uma "superioridade" civilizatória ocidental, podemos encontrar outras possibilidades de identidade. Afinal, o que compreendemos como legado cultural não é algo que permanece idêntico a si mesmo e se transmite sem alterações. É um processo que implica seleções e combinações que constituem nossa memória e esquecimento.

Este trabalho está organizado em duas partes: a primeira trata do mundo grego entre os séculos XII a.C. e I d.C. e a segunda parte trata das origens de Roma entre os séculos VIII a.C. até o século IV d.C. Diante da significativa extensão temporal de nosso trabalho e da disponibilização acessível dos acontecimentos por meio do mundo virtual, privilegiamos uma história que se propõe a percorrer um caminho que, sem ignorar completamente aquilo que de fato aconteceu, possibilite uma reflexão sobre a partilha do poder e as variadas formas que este assume ao longo de determinados períodos. Por outro lado, nossa escolha pelo poder não significa o abandono do social, do cultural, do econômico e do religioso, pois nas sociedades em questão tais categorias não se apresentam nitidamente delimitadas. Neste caso, pensar em qualquer uma delas é também considerar todas as outras em sua inerente sacralidade.

PARTE I

O MUNDO GREGO, DE AQUILES A ALEXANDRE

1

A realeza micênica e Homero

Podemos começar nosso trabalho de investigação identificando o que atualmente é a Grécia. Neste sentido concordamos que a Grécia é um país delimitado territorialmente, que é banhado pelos mares Egeu e Mediterrâneo, possui muitas ilhas, sua população vive e se reconhece sob determinado regime político e compartilha determinados hábitos. Porém, aquilo que hoje identificamos como a Grécia não coincide territorialmente com o mundo grego dos séculos assinalados. Como podemos, então, indagar e responder sobre os gregos? Onde eles estão? Que recorte de tempo é este que os historiadores definem para deles se aproximarem?

Para apostar em nossa capacidade de produzir sentidos e de compreender diferenças, registramos que, para os gregos que vamos estudar, a História é uma das nove *musas*, filhas de *Mnemosyne*[1], cujo nome é *Clio*.

Retomando nosso fio condutor, constatamos que aquilo que entendemos como Grécia antiga não diz respeito diretamente a fronteiras territoriais definidas. Os gregos, contudo, sabiam que eram gregos, podiam se reconhecer em toda extensão da *Hélade*[2]. Isto era possível porque eles possuíam algo em comum: compartilhavam a mesma lín-

---

1 *Mnemosyne* é a memória, a lembrança, a recordação, a faculdade de recordar. Personificada, ela é a mãe das musas, protetora dos poetas e dos videntes. Como potência religiosa ela confere ao verbo poético seu estatuto de palavra mágico-religiosa.

2 *Hélade* é o conceito que abarca a identidade dos gregos para além de qualquer conteúdo territorial ou político. É o que se entende também por helenismo, ou seja, é compartilhar da mesma raça, da mesma língua, de santuários comuns de deuses e rituais e costumes iguais.

gua (embora houvesse dialetos diferentes), os mesmos deuses, os mesmos santuários, rituais e costumes. Os gregos construíram, também, alguns conceitos como liberdade, democracia e política, entre outros que, guardadas as diferenças, ainda estão no nosso horizonte atual.

Para darmos início ao nosso pensamento é preciso, então, aceitar que nós não somos mais os gregos, somos diferentes, muito diferentes! Vamos apresentar, então, uma periodização da história grega que privilegia a configuração do poder. Neste sentido, vamos definir o poder associado à política como Jacques Rancière[3] aborda em seu livro *A partilha do sensível*, ou seja, a política como um modo de determinação do sensível, uma divisão dos espaços – reais e simbólicos – destinados a essa ou àquela ocupação, uma forma de visibilidade e de dizer o que é próprio (a vida privada) e o que é comum (a política) aos homens. Para reforçar o conceito de política, pensamos com ele que antes de ser um sistema de formas constitucionais ou de relações de poder, uma ordem política é certa divisão das ocupações, que se inscreve, por sua vez, em uma configuração do sensível: em uma relação entre os modos de fazer, os modos do ser e os do dizer; entre a distribuição dos corpos de acordo com suas atribuições e finalidades e a circulação do sentido; entre a ordem do visível e a do dizível.

Essa partilha do sensível – o que se vê, o como se vê, o como se faz e o como se diz – permite o reconhecimento das possibilidades humanas em termos de organização social, pois é preciso pensar que os homens, ao contrário de outros seres vivos, organizam-se e podem se organizar de várias maneiras e que essas maneiras, que garantem a sobrevivência da nossa espécie, estão sempre abertas a novos caminhos. A partir de Aristóteles e do Mito de Protágoras[4] podemos perceber como os gregos antigos concebiam as características dos seres humanos com relação aos seres de outras espécies. Homens e animais possuíam várias características em comum do ponto de vista biológico. Porém, como os homens não tinham instintos capazes de garantir-lhes

---

3 RANCIÈRE, J. *A partilha do sensível*: estética e política. São Paulo: Ed. 34, 2005.

4 O Mito de Protágoras pode ser encontrado em PLATÃO. *Protágoras*. Lisboa: Relógio d'Água, 1999.

a existência, eles eram obrigados a construir seu próprio mundo por meio da inteligência, da imaginação e da linguagem. Se deixados sozinhos, eram devorados por animais selvagens, e, quando organizados em grupos, predominava a lei do mais forte. A *pólis*, neste sentido, seria a criação humana por excelência. Dotada de leis e constituição, garantiria a continuidade da espécie pelo respeito aos princípios da *Diké*, a justiça entre os homens. Por outro lado, a *pólis* era a única forma de vida que poderia garantir a liberdade dos homens cidadãos. Nela todos eram iguais do ponto de vista político. Já a esfera do *oikós*, a ordem da família e da necessidade, era um campo no qual os homens não eram livres, posto que as relações eram desiguais. Neste caso, os cidadãos em seu *oikós* estariam presos às diferenças diante de seus filhos, de suas mulheres e de seus escravos e empregados o que era o contrário do jogo político no qual todos, pelo menos do ponto de vista de seu ideal, estavam garantidos pela *isonomia*, ou seja, pela mesma lei e podiam viver plenamente a excelência humana. Afinal, a política era o contrário da violência uma vez que deveria ser capaz de solucionar os conflitos por meio dos debates.

A palavra, característica exclusivamente humana, sustentava a arte da deliberação que poderia salvar suas vidas, posto que, por meio dela, os homens poderiam encontrar uma medida para suas ações. No sentido de construção de mundo percebemos a variabilidade que os homens imprimem em suas criações. Afinal, dentre os seres vivos, o homem é aquele que produz formas culturais sempre distintas e mutáveis como resposta às contingências e finitude da vida a que está irremediavelmente exposto e consciente. Para melhor esclarecer essa questão basta pensar que os animais são seres mortais, mas não possuem consciência de sua mortalidade e vivem sempre de acordo com seus instintos. Cavalos, jacarés, pássaros, peixes etc. não constroem um mundo para si.

As diferentes articulações, sobretudo entre o fazer e o dizer dos gregos, nos possibilitam reconhecer as várias fases da sua história. Dessa forma, na história do mundo grego que vamos construir, há diferentes organizações do mundo material e social que determinam suas várias facetas. Inicialmente, o surgimento da *pólis*[5] grega se diferencia da realeza micênica e da sociedade centrada no *oikós*[6] aristocrático cantados por Homero. Essa diferenciação, para nós, está diretamente relacionada com uma nova partilha do poder e, consequentemente, da palavra que diz esse poder, que estabelece o mundo e os lugares dos homens nesse mundo. É importante lembrar que a periodização a seguir é uma construção que faz parte do ofício do historiador. Ela é, entre outros recortes possíveis, apenas uma maneira de conduzir nossas reflexões.

---

5 Cidade, cidade-estado: reunião dos cidadãos em seu território e sob suas leis. Dela derivam as palavras *política* e *político*; o cidadão, o que concerne ao cidadão, os negócios públicos, a administração pública.

6 Casa, habitação; por extensão: propriedade, bens, haveres. Os derivados de *oikós* são: o que é propriedade da casa ou da família (edifícios, terras, plantações, animais, escravos, objetos, instrumentos agrícolas e de artesanato); *oikeiótes* (parentesco, parentela, a família com seus ancestrais, descendentes, pai, mãe, filhos, marido, mulher, irmãos, tios, tias, primos). *Oikós* é a instituição social casa-família. *Oikonomia* é a direção, administração e governo da casa-família pelo chefe da família, o *despótes*. A economia não se refere à gestão da cidade ou do Estado como na época moderna e sim à administração dos bens privados e às relações entre os chefes dessas famílias.

2
Periodização da história grega

Realeza micênica *(Idade do Bronze)* – séculos XVI-XII a.C. → A vida social aparece centralizada em torno do palácio cujo papel é, ao mesmo tempo, religioso, político, militar, administrativo e econômico. O rei (*anax*) concentra e unifica, em sua pessoa, todos os elementos do poder, todos os aspectos da soberania. Sua palavra diz a justiça e é inquestionável. Os poetas eram muito importantes, pois cantavam a soberania do rei divino. A atividade real ordenava também o ciclo das estações. Natureza e sociedade confundiam-se.

Ilustração 1 Sítio micênico

Fonte: LEVI, P. *Grécia, berço do Ocidente*. Vol. I. Madri: Del Prado, 1996, p. 35 [Coleção Grandes Impérios e Civilizações].

Período das trevas *(Idade do Ferro)* – séculos XI-IX a.C. → A invasão dos dórios, um povo indo-europeu vindo da região danubiana, desagrega a civilização micênica. O comando – *arché*[7] – se divide. Alguns gregos fogem para a costa da Ásia. A vida social gira em torno do *oikós* aristocrático que é uma unidade econômica ao mesmo tempo que uma unidade humana, e é regido pelo chefe guerreiro tribal, o *basileu*[8]. No entanto, esse chefe do *oikós* não é mais um soberano como o da realeza micênica que a tudo dava sentido.

Temos notícia desse período quase que exclusivamente pelos relatos épicos de Homero (850-750 a.C.): a *Ilíada* e a *Odisseia*.

Ilustração 2 Homero
Fonte: VIDAL-NAQUET, P. *O mundo de Homero*. São Paulo: Companhia das Letras, 2002, caderno iconográfico.

Ilíada – É um dos poemas épicos de Homero que trata de uma pequena parte da Guerra de Troia. Os aqueus (micênicos), sob o comando do Rei Agamenon, lutavam contra os troianos a fim de recuperar Helena, esposa de Menelau, irmão do Rei Agamenon. Helena havia sido raptada por Páris, filho do rei de Troia. Depois de nove anos

---

7 O que está à frente. Esta palavra possui dois significados principais: 1) o que está à frente, e por isso é o começo ou o princípio de tudo; 2) o que está à frente, e por isso tem o comando de todo o restante. Neste sentido é poder, comando, autoridade e governo.

8 *Basileu* ou *temenos* é o chefe de um *oikós*.

de luta, o exército troiano continuava intacto enquanto os aqueus iam definhando. Aquiles, considerado o melhor guerreiro aqueu, consultou um adivinho para saber a causa de tamanha desgraça. Este revelou, então, que o exército aqueu era vítima da arrogância de Agamenon. Ele recusara a libertação de uma mulher, presa de guerra, que era filha de um sacerdote de Apolo. Porém, quando Agamenon concordou em restituir a mulher, exigiu em troca a mulher que Aquiles recebera como prêmio. Aquiles ficou ofendido e se recusou a continuar no combate ao lado dos aqueus. A *Ilíada* inicia-se com a cólera de Aquiles e canta os valores da guerra e dos guerreiros.

Odisseia – É a outra epopeia de Homero que conta o retorno de Ulisses para Ítaca. Ulisses era um herói aqueu que lutou na Guerra de Troia. Enquanto os outros combatentes, depois de vencida a guerra contra Troia, voltavam para seus reinos, Ulisses ainda permaneceu cerca de 20 anos tentando reencontrar sua terra natal (Ítaca), sua mulher Penélope e seu filho Telêmaco. A epopeia narra as aventuras e desventuras de Ulisses a caminho de casa. A *Odisseia* é o poema da paz, dos valores do *oikós* e da ética aristocrática.

Período arcaico – séculos VIII-VI a.C. → No período arcaico surge a *pólis* com sua lei escrita e a palavra publicizada. O desenvolvimento da *pólis* aparece como quadro essencial da civilização grega. As cidades superpovoadas começam a estabelecer colônias. O comércio se desenvolve. É a época das tiranias e das reformas de Sólon[9]. Surge a noção de cidadão livre contraposto ao escravo como mercadoria. Esparta e Atenas aparecem como modelos de organização social. Desenvolve-se uma reflexão sobre a Natureza com os filósofos Thales, Anaximandro, Anaxágoras, Arquelau etc. Essa cosmologia ainda estava entrelaçada ao mito, seu objeto era a essência da *physis*[10].

---

9 Solon foi o sábio chamado a Atenas para resolver os conflitos que dividiam a cidade. Foi o legislador que deu uma Constituição a Atenas e criou o Conselho dos 400.

10 Natureza. Possui três sentidos principais: 1) processo de nascimento, surgimento, crescimento; 2) disposição espontânea e natureza própria de um ser; 3) força originária criadora de todos os se-

Período clássico – séculos V-IV a.C. → As cidades-estado estabelecem governos democráticos ou oligárquicos. Sob a liderança de Atenas, as cidades gregas formam uma aliança e derrotam o exército persa invasor. Atenas e Esparta tornam-se mais poderosas. Eclode a guerra entre elas (Guerra do Peloponeso). Época dos *sofistas*[11], de Sócrates, Platão e Isócrates.

Período helenístico – séculos IV-II a.C. → Alexandre da Macedônia conquista o mundo grego e alarga os horizontes da cultura grega quando faz dela o suporte de seu ideal de império universal. Há a superação da *pólis,* que passa a ser apenas a pequena pátria, deixando de significar a norma suprema do pensamento e da cultura grega. Época das escolas filosóficas.

Aquilo que podemos conhecer como período micênico só pôde ser estabelecido, com mais clareza, a partir dos trabalhos da arqueologia moderna iniciados em 1870, e da decifração das plaquetas em linear B em torno de 1950. Antes das descobertas arqueológicas, tudo aquilo que era identificado como a realeza micênica vinha das epopeias homéricas: da *Ilíada* e da *Odisseia.*

Dentre os trabalhos mais importantes da arqueologia estão: as escavações de Schliemann (1822-1889) que encontraram a cidade de Troia; as de Sir Arthur Evans (1852-1941) que encontraram o palácio de Cnossos; e a descoberta das plaquetas em linear B, um dialeto grego antigo, em Pilos, Cnossos e Micenas. Essas plaquetas foram decifradas por Michael Ventris e Chadwick nos anos 50 do século XX. Por meio delas se pôde constatar a existência de registros burocráticos e contábeis característicos de reinos centralizados em torno de um palácio.

---

res, responsável pelo surgimento, transformação e morte deles. É o fundo inesgotável de onde vem o *cosmos.*

11 Sofistas são os homens que desenvolveram as técnicas de argumentação e vendiam seus serviços a quem pudesse pagar.

Ilustração 3 Ruínas de Troia
Fonte: VIDAL-NAQUET, P. *O mundo de Homero*. São Paulo: Companhia das Letras, 2002, caderno iconográfico.

Neste sentido, hoje nós sabemos muito mais sobre o passado grego do que os próprios gregos sabiam. Observando nossa cronologia, antes das escavações da era moderna a história grega começava no século VIII, coincidindo com a Grécia das cidades, das *pólis*.

Hoje sabemos que antes das cidades-estado houve uma Grécia diferente, centrada em pequenos reinos cujo modelo era o das civilizações do Oriente Próximo – daí podemos pensar que nem sempre Oriente e Ocidente foram separados. Esses reinos, chamados micênicos, eram centralizados por um rei que planejava e contabilizava todas as atividades do reino auxiliado por sacerdotes-escribas, guerreiros e lavradores.

Houve, então, com as escavações da moderna arqueologia, consequências para o nosso conhecimento da história grega. Uma delas é conhecida como "questão homérica". Essa questão nasce do confronto entre dois tipos de fonte: os vestígios encontrados pela arqueologia e aquilo que o texto homérico dizia sobre os reinos micênicos. O mundo cantado por Homero não coincidia com o das escavações arqueológicas. Então, que mundo era o mundo cantado na *Ilíada* e na *Odisseia*?

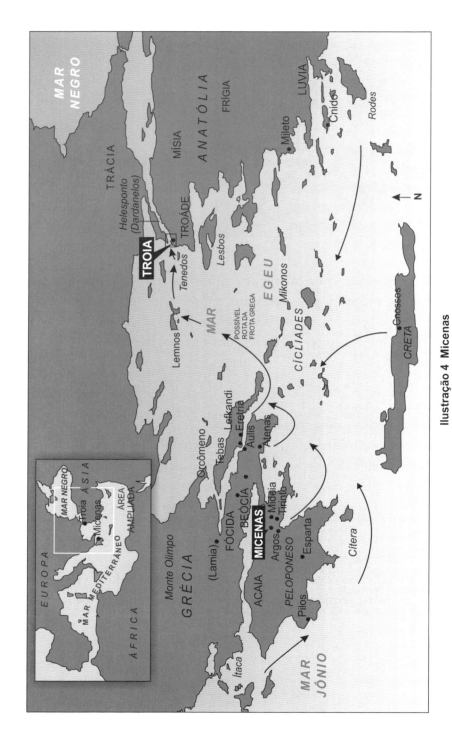

Ilustração 4 Micenas

Fonte: Revista *National Geographic Brasil*, ed. esp. "Grécia antiga", 37a, p. 18-19.

3

As epopeias homéricas como fonte histórica

A *Ilíada* e a *Odisseia* eram uma evocação de acontecimentos ocorridos na Idade do Bronze, no mundo micênico. A questão de saber a que época histórica se poderá ligar o testemunho de Homero e em que medida serve como fonte histórica continua sendo um debate. Neste livro, vamos considerar três níveis históricos que constituem a narrativa dos poemas: a Idade do Bronze, a Idade do Ferro e a época em que Homero vivia (século VIII a.C.). De acordo com Vidal-Naquet e Michel Austin[12], para além das coincidências entre as fontes, há leis que regulam oposições e classificações que serão encontradas ao longo de toda a civilização grega, sobretudo as que definem o lugar dos homens com relação aos não humanos e aos deuses. Se há tais distinções, não podemos presumir, a partir de Homero, a existência de um rei divinizado como o *ánax* micênico. Agamenon, nas epopeias, estaria, assim, mais próximo de um *basileus*.

Assim, a Ítaca[13] de Homero – com seu *basileus*, sua assembleia, seus nobres turbulentos e seu *demos*[14] silencioso em segundo plano – prolonga e esclarece certos aspectos da realeza micênica. Nesse confronto entre a narrativa homérica e as descobertas arqueológicas, os estudiosos puderam perceber um novo sentido para o conceito de *basileus* ou *temenos*. Cer-

---

12 VIDAL-NAQUET, P. & AUSTIN, M. *Economia e sociedade na Grécia antiga.* Lisboa: Ed. 70, 1986.

13 Ilha grega, onde ficava o palácio de Ulisses.

14 Originariamente, indica a porção de um território habitado por um grupo ou comunidade. A seguir ganha o sentido étnico de população ou povo de um país. Em seguida recebe o sentido político de povo (por oposição ao rei e à aristocracia) e de conjunto de cidadãos na democracia.

Ilustração 5 Heróis homéricos – Hídria Ática com figuras negras, c. 560 a.C.

Fonte: VIDAL-NAQUET, P. *O mundo de Homero*. São Paulo: Companhia das Letras, 2002, caderno iconográfico.

tamente os reinos e os reis da *Ilíada* e da *Odisseia* não se referem a uma sociedade palaciana centralizada. Os heróis, que na *Ilíada* – um canto de guerra – vivem com autonomia, aparecem na *Odisseia* – um canto de paz – referidos ao *oikós,* e não a um palácio dirigido por um poder supremo centralizado. O *oikós* seria a unidade econômica e humana sobre a qual reinariam o *basileus* homérico, ou seja, chefes guerreiros e nobres.

Estabelecidas as diferenças entre o rei micênico e o homérico, podemos seguir com a questão da época das trevas ou "Idade do Ferro", que se inicia com a queda do poder micênico e a expansão dos dórios no Peloponeso, Creta e Rodes. Aqui, diferentemente do período micênico, que confundia o mundo humano com o divino na pessoa do rei, encontramos uma delimitação mais rigorosa dos diferentes planos do real, ou seja, os homens identificam um passado separado, diferente e distante do tempo presente; começam a incinerar os mortos ao invés de embalsamá-los, o que significa uma separação entre o mundo dos vivos e dos mortos. Sem a presença do rei divino micênico novas distâncias são colocadas entre o mundo dos homens e o dos deuses.

A percepção da diferença entre passado e presente, a separação entre o mundo dos vivos e o dos mortos e as distâncias entre homens e deuses são novidades que se inscrevem em realidades sociais também novas. Tais novidades só terão sentido se pudermos referi-las ao tipo de organização do mundo micênico redefinido após as descobertas arqueológicas.

4

Cronologia e observações sobre algumas escavações micênicas

1939: descoberta das plaquetas de argila (total de 3.500) da escrita silábica Linear B. Dessas plaquetas, apenas 252 correspondiam aos termos de Homero.

1952: decifração da Linear B com o reconhecimento de que elas eram escritas em um tipo de grego primitivo.

Conteúdo das plaquetas: listas de pessoal e de funções administrativas e militares. Lista de produtos medidos e pesados: azeite, vinho, carros de guerra, ovelhas, cavalos, armas, objetos necessários para tal e tal dia, bois, oferendas para os deuses (animais, trigo, vinho e óleo), escravos, cereais, terras demarcadas, impostos coletados em produtos. Há também uma lista de escravas mulheres relatando suas tarefas ou sua origem. Os deuses mencionados nas plaquetas eram talvez Peã (Apolo?), Zeus, Dioniso, Hera. As duas deusas (Deméter e Perséfone), Eniálio (Ares), Ilítia, Poseidon. É importante salientar que todos esses deuses aparecem mais tarde em Homero.

O apogeu da civilização micênica ocorreu entre os séculos XV e XII a.C. (de 1400 a 1200 a.C.). Micenas era uma cidadela fortificada, pronta para a defesa como um "ninho de águias" no alto de um monte. O local é estratégico para observar de longe a planície da Argólida e o mar. Estradas e pontes ligam o palácio a outras cidades, tais como Tirinto e Pilos. Homero dizia que Micenas era uma "cidade muito bem construída, de largas ruas e rica em ouro". Em Tirinto foi escavado um palácio sobre o qual Homero faz referência.

Nas escavações de Schliemann foram encontrados túmulos reais com relíquias preciosas como diademas; joias de ametista, marfim e âmbar; objetos de alabastro; contas; adagas; espadas ornamentadas e máscaras de ouro sobre os restos dos crânios. Todos os túmulos continham objetos e tesouros pessoais. Será que esses túmulos indicavam uma esperança de vida após a morte?

As escavações também mostram que o comércio era pré-monetário, na base de trocas, alianças e presentes. Micenas possuía navios e fazia comércio com Troia, com o Egito, com a Síria, com a Itália e com a Sicília, com as cidades do Mar Negro e com as ilhas de Chipre e Rodes. O Palácio centralizava as funções políticas, econômicas, jurídicas e militares: o *Ánax* é o chefe supremo do exército, é o administrador central, é juiz e chefe religioso[15].

Ilustração 6 Combate individual de heróis – Imagem de uma ânfora

Fonte: LEVI, P. *Grécia, berço do Ocidente*. Vol. I. Madri: Del Prado, 1996, p. 109 [Coleção Grandes Impérios e Civilizações].

---

15 AUSTIN, M. & VIDAL-NAQUET, P. *Economia e sociedade na Grécia antiga*. Lisboa: Ed. 70, 1986.
• FINLEY, M.I. *Economia e sociedade na Grécia antiga*. São Paulo: Martins Fontes, 1989.

Ilustração 7 Ulisses e Penélope – Terracota de Milo, c. 450 a.C.

Fonte: VIDAL-NAQUET, P. *O mundo de Homero*. São Paulo: Companhia das Letras, 2002, caderno iconográfico.

Antes de apresentarmos o desenvolvimento da *pólis* é necessário que nos dediquemos ao mundo dos poemas de Homero, pois ali estão colocados alguns dos pressupostos que norteiam todo o desenvolvimento da história dos gregos. Como diz Jean Pierre Vernant, no livro *O homem grego*, há questões específicas quanto às regras de vida dos gregos, quanto ao seu modo particular de se servirem de práticas universalmente difundidas, tais como as referentes à guerra, à religião, à economia, à política e à vida doméstica. Podemos, então, estabelecer algumas relações do homem grego consigo mesmo e com outros homens; e do homem grego com a natureza e com os deuses.

Homero apresenta, na sua narrativa épica, a consciência de uma continuidade cronológica, ou seja, há em seu relato o encadeamento de eventos e personagens que se relacionam mediante precisas combinações genealógicas e que estão inseridos em um desenvolvimento temporal contínuo. Além disso, a epopeia homérica, como vimos anteriormente, ao narrar o mundo dos reinos micênicos, estabelece com clareza a consciência da diferença entre presente e passado.

Em Homero, a consciência da continuidade cronológica e da diferença entre passado e presente sustenta uma narrativa que se desenvolve sob as condições de guerra, na *Ilíada*, e de paz, na *Odisseia*, e define um manual ético para o homem aristocrático (o chefe do *oikós*) na moral heroica da honra. O comportamento do homem aristocrático, tanto na guerra quanto na paz, definia aquilo que faria do homem um homem por inteiro, completo. Assim, os heróis gregos foram tomados como modelos paradigmáticos. Nos poemas épicos há a demarcação entre o mundo dos deuses, que vivem felizes no *Olimpo*[16] e são imortais, e o dos homens que, submetidos ao tempo e à vontade dos deuses, sabem que vão morrer. No entanto, estar nas mãos dos deuses não invalidava os compromissos dos heróis com a *areté*[17], com o desenvolvimento da excelência humana. Esta se associava ao reconhecimento do passado, e sua conservação por meio das virtudes que compunham a excelência. Associada à *areté* estava a honra reconhecida não na intimidade do ser, mas na sociedade à qual se pertencia.

Conforme Jacques Rancière[18] em *Políticas da escrita*, o mundo homérico, guerreiro e cavaleiresco, que dá à epopeia seu chão e sua matéria, é o universo dos objetos cotidianos.

Neste universo, o príncipe e o senhor da guerra não se distinguem do chefe da casa e do artesão habilidoso. Não há separação entre os negócios públicos e os interesses privados. É o mundo de antes das separações entre os registros das atividades diferenciadas na racionalidade moderna. Em Homero, a maneira de ser não é separada dos modos de fazer nem dos modos de dizer.

A reciprocidade entre o ver e o ser visto, entre o eu e o outro, segundo Jean Pierre Vernant, é característica das culturas da vergo-

---

16 Monte, que era a morada dos deuses gregos.

17 Mérito ou qualidade nos quais alguém é o mais excelente; excelência do corpo; excelência da alma e da inteligência. Virtude é sua tradução mais usual. A *areté* indica um conjunto de valores (físicos, psíquicos, morais, éticos, políticos), que forma um ideal de excelência e de valor humano para os membros da sociedade, orientando o modo como devem ser educados e as instituições sociais nas quais esses valores se realizam. A *areté* se refere à formação do *áristos*: o melhor, o mais nobre, o homem excelente.

18 RANCIÈRE, J. *Políticas da escrita*. São Paulo: Ed. 34, 2001.

nha e da honra, por oposição às culturas da culpa e do dever. De fato, não podemos atribuir ao homem grego uma subjetividade que ele não tinha. Por isso, o valor de um homem grego estava tão intimamente ligado à sua reputação. Qualquer ofensa pública, ato ou palavra que atentassem contra seu prestígio, era interpretada como uma espécie de humilhação ou aniquilamento do próprio ser.

Por outro lado, este reconhecimento da *areté*, do valor do homem não na sua intimidade, mas na sociedade, acentuava a importância do relacionamento entre eles. O herói homérico acreditava que seus companheiros tinham de estar juntos no campo de batalha; deviam dividir o alimento em banquetes; deviam ser leais aos amigos; não podiam desgraçar-se a si próprios, nem às suas famílias e à suas comunidades; e deviam evitar, sobretudo, crueldades excessivas. Esta última condição era crítica, pois ações deliberadas de crueldade, injustiça e desmedida – a *hybris*[19] – feriam a *areté* e envergonhavam o herói e sua comunidade. No relato épico há sempre a quebra do laço do herói e sua comunidade, pois somente dessa forma é possível afirmar a necessidade de mostrar respeito e corresponder às expectativas dos comportamentos sociais. Tomado pela desmedida – a *hybris* –, *Aquiles*[20] tortura e mutila o corpo de *Heitor*[21] e afasta-se da sua *areté* e da reputação de honra que lhe asseguraria um lugar na memória social. Abandonar o corpo do combatente e deixá-lo como alimento para os abutres reduzia o estatuto do guerreiro. *Aquiles* perdia valor e *Heitor* também, pois os rituais funerários eram fundamentais para que a comunidade pudesse recordar o morto.

No canto 24 da *Ilíada* temos um exemplo significativo do entrelaçamento entre honra e vergonha. Aquiles não conseguia dormir pensando e chorando a morte de seu melhor amigo Pátroclo, que havia sido morto por Heitor. Apesar de Heitor já estar morto, Aquiles

---

19 Tudo o que ultrapassa a medida, excesso, desmedida; em geral indica algo impetuoso, desenfreado, violento, um ardor excessivo. Nos seres humanos é insolência, orgulho, soberba, presunção.

20 Um dos heróis mais importantes da *Ilíada*. É com a sua cólera que o canto de Homero tem início.

21 Um dos heróis da *Ilíada,* tendo lutado ao lado de *Troia.*

continuava se vingando. Ele atrelou seus cavalos e amarrou o cadáver de Heitor ao seu carro.

Por três vezes circundou o túmulo de Pátroclo, arrastando o corpo de Heitor. Tétis, mãe de Aquiles, aconselhou o filho a devolver o cadáver de Heitor para que este pudesse ser honrado por sua comunidade. Depois de algumas negociações que envolveram até os deuses, Aquiles recebeu o Rei Príamo, pai de Heitor. O rei rogou que Aquiles lhe devolvesse o filho. Pediu a ele que lembrasse do próprio pai e que o atendesse. O herói comoveu-se ao lembrar de seu pai e os dois choraram: o Rei Príamo pelo filho morto e Aquiles por lembrar de seu pai e do amigo morto. O corpo de Heitor foi lavado, perfumado e vestido. As servas de Aquiles retiraram do carro os presentes trazidos pelo rei e no cesto colocaram o cadáver de Heitor. Aquiles e Príamo cearam juntos e combinaram nove dias de trégua para que os rituais fossem realizados.

O corpo do morto, acreditavam os gregos, tornava-se impuro se não fossem feitos os rituais necessários. Pelos ritos funerários se assegurava aos vivos que o morto teria uma vida feliz no *Hades*[22]. Antes disso os mortos ficavam à porta do *Hades*. A morte de um membro de uma comunidade comprometia a todos e perturbava sua ordem. Os jogos funerários ajudavam a restaurá-la.

Na *Ilíada*, no auge de sua ira, Aquiles tem a chance de recuperar sua honra e a honra da comunidade ao reconhecer um sentimento comum entre o luto de Príamo, rei dos Troianos e pai de Heitor, e o luto de seu próprio pai como se ele fosse Heitor. Assim, um sentimento de solidariedade marca o final da epopeia na interpretação de alguns historiadores.

Segundo Jacqueline de Romilly[23], toda essa grande abertura em relação aos outros, esse grande protesto contra a intolerância, penetrou a tradição europeia, nosso pensamento e nossos hábitos. Só temos a ganhar se voltarmos de vez em quando, o mais frequentemente

---

22 O mundo dos mortos.

23 ROMILLY, J. "A Grécia antiga contra a intolerância". *A intolerância*. Unesco/La Sorbone, 27/03/1997.

possível, a essa tradição. Pois o momento atual prova que ainda temos muita necessidade de tais lições.

Dessa forma, entre os gregos homéricos, as normas de conduta, longe de prescreverem condutas rígidas e estereotipadas, delimitavam uma área de liberdade, ou melhor, de indeterminação dos comportamentos a partir das relações de força entre o indivíduo e o grupo social.

A sociedade mostrada na epopeia dependia dos seus heróis para garantir os ritos sociais e religiosos de toda a comunidade. Ser herói era uma responsabilidade social[24].

---

24 Para outros historiadores, o vínculo entre o herói e seu grupo não era atravessado pela noção de responsabilidade social. Para avaliar tal questão sugerimos FINLEY, M.I. *O mundo de Ulisses.* Lisboa: Presença, 1982. Cf. tb. a leitura dos cantos I, XXIII e XXIV *da Ilíada.*

5
A partilha do mundo entre deuses e homens

De todo modo, a existência dos gregos não pode ser referida apenas a si mesma, pois estava entrelaçada aos antepassados, aos fundadores de dinastias, à memória dos heróis e também aos deuses. Para os gregos, as homenagens e os sacrifícios às divindades eram fundamentais, pois eles dependiam das divindades para o sucesso ou não de seus empreendimentos.

**Ilustração 8
Deuses gregos –
Baixo relevo
arcaizante (Museu
de Capitólio, Roma)**
Fonte: JARDÉ, A. *A Grécia antiga e a vida grega*. São Paulo: EPU/Edusp, 1997, p. 126.

O que o divino representava para um grego e como é que o homem se posicionava em relação a ele é muito diferente da maneira como nós lidamos e organizamos o campo do religioso. Jean Pierre Vernant[25] desenvolve a ideia de que para nós a palavra "deus" evoca um ser único, eterno, absoluto, perfeito, onisciente e onipotente. Esse conjunto se associa a outros conceitos como o sagrado, o sobrenatural, a fé, a igreja e o clero que, juntos, definem o campo do "religioso". Neste sentido, o "religioso" possui um estatuto e uma função que se diferenciam de outros componentes da vida social. Na nossa compreensão do mundo estabelecemos separações entre o sagrado e o profano, entre o natural e o sobrenatural, entre fé e descrença, entre sacerdotes e leigos. Há a separação entre Deus e um universo que depende inteiramente dele porque foi Ele que o criou, e o criou do nada.

Para os gregos, diferentemente, as inúmeras divindades de seu politeísmo não possuíam as características que definem o divino. Não havia noção de eternidade, de perfeição, de onisciência ou onipotência. Os deuses gregos não criaram o mundo, nasceram nele e dele a partir dos poderes primordiais como o *Caos* (vazio) e *Gaia* (Terra). Assim, a transcendência dos deuses gregos só valia com relação à esfera humana. Tal como os homens, mas acima deles, os deuses gregos eram parte integrante do *Cosmos*[26]. Neste sentido não havia oposição entre natural e sobrenatural. A lua, o sol, uma montanha, um rio etc. podiam ser sentidos como potências divinas. Os deuses da epopeia eram exagerados e se diferenciavam dos homens apenas por sua imortalidade. Homero muitas vezes ridicularizava os deuses colocando-os em situações cômicas. Como personagens irracionais, eles amavam, odiavam e brigavam. Não eram poderes ou forças impessoais. Os gregos aceitavam e compreendiam os deuses de Homero.

---

25 VERNANT, J.P. (org.). *O homem grego*. Lisboa: Presença, 1994.

26 Bom ordenamento de coisas e pessoas; boa ordem; arranjo conveniente e adequado; disciplina; organização do cerimonial religioso, organização do Estado; ordem estabelecida; princípio ordenador e regulador das coisas; ordem do mundo.

Zeus não era o deus das religiões monoteístas; ele era caprichoso e sensual, era frívolo, indeciso e pouco confiável apesar de ser o rei dos outros deuses. Para os gregos, até os deuses estavam submetidos à *moira* (o destino). Quando Zeus tentava dar a vitória aos troianos na Guerra de Troia, gerava confusão entre os deuses e não conseguia seu intento. O destino era mais forte e a vitória já estava destinada aos *aqueus*.

Os deuses e as potências divinas encarnavam os poderes, as virtudes e os favores de que os homens não podiam usufruir. Os homens, apesar de toda a dedicação ao desenvolvimento e manutenção da *areté*, não podiam jamais pretender ultrapassar os deuses. Por outro lado, pode-se pensar que o mundo dos deuses, apesar de estar sempre hierarquicamente superior, assemelha-se ao mundo dos homens. Segundo Jean Pierre Vernant, as perfeições de que os deuses são dotados são um prolongamento linear das perfeições que se manifestam na ordem e na beleza do mundo. Mais adiante veremos que a harmonia de uma cidade governada segundo a justiça e a elegância de uma vida regida pela moderação e pelo autocontrole era uma conquista humana inspirada pela crença dos gregos em uma legalidade imanente ao cosmos[27].

A dependência da divindade, para os gregos, não significava servidão, pois o mundo dos deuses ficava a tal distância que não impedia a autonomia dos homens ou, por outro lado, não implicava seu aniquilamento perante a infinidade do divino. A religiosidade do homem grego não desembocava na via da renúncia ao mundo, e sim na sua estetização.

---

27 Havia uma tradição bem difundida do pensamento ético grego que asseverava que acordos e práticas éticos são baseados em padrões eternamente fixos na natureza das coisas. Nesse sentido, *valores éticos existiriam "por natureza": ali estavam independentemente de nós e de nossos modos de vida, não dependiam de entidades instáveis como as pessoas e a cidade.* Por outro lado, havia também uma tradição que falava do valor ético como algo crescente, fluente e mutável, que existia no interior da comunidade humana. Tal tradição dava uma grande importância ao social e também revelava *o homem como carente e frágil diante do mundo dos deuses.* Assim, quando um mortal contava com um deus, havia, juntamente com a segurança divina, um *elemento de incerteza e vulnerabilidade.* Afinal, os deuses gregos eram capazes de mudança, de ação dupla ou contraditória, de desacordo e de uma justiça que podia parecer bastante injusta pelos padrões mortais. Cf. NUSSBAUM, M. *A fragilidade da bondade –* Fortuna e ética na tragédia e na filosofia grega. São Paulo: Martins Fontes, 2009.

Ainda segundo Jean Pierre Vernant, no mundo grego não havia lugar para um setor religioso diferenciado em instituições, comportamentos codificados e convicções profundas que dessem forma a um conjunto organizado e nitidamente distinto de outras práticas sociais, como, por exemplo, a política ou a economia. Em todas as dimensões da vida grega havia sempre uma dimensão religiosa. Neste sentido o problema da fé e da descrença não podia ser pensado por eles. O "crer" nos deuses não se colocava em um plano propriamente intelectual, não pretendia desenvolver um conhecimento do divino ou um caráter doutrinal.

Na perspectiva de Werner Jaeger[28], em *Paideia*, é preciso considerar que, de Homero até a crise das cidades, os gregos sempre intuíram a existência de um *cosmos* concebido como um todo ordenado em conexão viva no qual e pelo qual tudo – pensamento, linguagem, ação e todas as formas de arte – ganhava posição e sentido. Nesta ordenação os gregos colocaram a imagem do homem genérico, na sua validade universal e normativa, enraizado na vida comunitária. Ou seja, eles criaram uma imagem do humano capaz de se tornar uma obrigação e um dever. Esse ideal de homem integrado e integrante de sua comunidade era uma forma viva que se desenvolveu no solo grego e persistiu por meio das mudanças históricas.

Ilustração 9 Zeus – Bronze de Olímpia, c. 490 a.C.
Fonte: VIDAL-NAQUET, P. *O mundo de Homero*. São Paulo: Companhia das Letras, 2002, caderno iconográfico.

---

28 JAEGER, W. *Paideia* – A formação do homem grego. São Paulo: Martins Fontes, 1998.

Nada mais afastado da cultura grega do que o *cogito* (pensamento) cartesiano[29]. O *eu penso* como condição e fundamento de todo o conhecimento do mundo, de si e de deus [...] Imaginar o mundo não consiste em torná-lo presente *no* nosso pensamento. É o nosso pensamento, de acordo com Vernant[30], que faz parte do mundo e é presença no mundo. [...] Todavia, para o homem grego, o mundo não é esse universo externo reificado, separado do homem pela barreira intransponível que divide a matéria do espírito, o físico do psíquico. A relação do homem com o universo dotado de alma, a que tudo o liga, é uma relação de comunhão íntima. Para os gregos, a visão só é possível se entre o que é visto e aquele que vê existir uma total reciprocidade, expressão se não de uma identidade, ao menos de uma estreita afinidade. O Sol que ilumina todas as coisas é também, no céu, um olho que vê tudo, e se nossos olhos veem é porque irradiam uma espécie de luz comparável à luz do Sol. O objeto emissor e o sujeito receptor, os raios luminosos e os raios óticos pertencem a uma mesma categoria do real, acerca da qual se pode dizer que ignora a oposição físico-psíquico ou que é ao mesmo tempo de natureza física e psíquica. A luz é visão e a visão é luminosa. Quando alcança um objeto, o olhar transmite-lhe aquilo que o observador sente ao vê-lo.

---

29 Referente a René Descartes, filósofo, matemático e físico francês (1596-1650).

30 VERNANT, J.P. (org.). *O homem grego*. Lisboa: Lisboa: Presença, 1994.

6

O louvor e a censura como estatuto das diferenças entre os homens

A partir da autoridade suprema da palavra do rei micênico, apenas indicada em nossa cronologia, vamos desenvolver e aprofundar esta ideia como parâmetro para a compreensão dos desdobramentos do poder no mundo grego.

Privilégio de um homem excepcional, a palavra do rei era eficaz porque atravessava os tempos, era inseparável das condutas e dos valores simbólicos e dizia o que era a natureza e a justiça. Assim, todos os atributos da soberania – a paz, a guerra e a fecundidade – estavam reunidos na pessoa do rei.

Nos poemas de Homero essa palavra mantinha seu caráter eficaz, mas já não estava concentrada na pessoa do rei, nem a serviço da soberania e sim na inspiração do poeta pelas *musas*. Ressaltamos que, em nossa leitura de Homero, identificamos um tipo de organização social centrada no *oikós,* e cantada pelo poeta na qual Agamenon, o rei micênico, que tudo centralizava e a tudo dava sentido, já não estava presente da mesma forma. Neste sentido, a função da palavra, constitutiva do mundo dos homens, que na realeza micênica pertencia à realeza, agora estava na boca do poeta. As musas que inspiravam os poetas eram deusas filhas da Memória ou *Mnemosyne*. A palavra do poeta anunciava então a verdade – *Aletheia*[31] – e se opunha ao esquecimento – *Lethé*[32].

Aqui é importante notar que a oposição que encontramos entre verdade e mentira nem sempre se colocou assim. Entre os gregos arcaicos, a verdade identificava-se com aquilo que era lembrado e a "mentira" com o que caía no esquecimento.

É preciso então considerar que, na ausência dos mecanismos modernos da memória, a palavra do poeta era o "arquivo" da tradição do povo grego, era a sua memória. Isso fica ainda mais claro quando imaginamos a ausência de uma palavra escrita que pudesse preservar a memória. Segundo Vernant, da palavra ao texto a passagem é muito complexa, pois a escrita ignora o que dá substância e vida ao relato oral: a voz, o ritmo e o gesto. Como não mais compartilhamos o tempo da voz e ouvido dos poetas, só nos resta aceitar que o relato de Homero não resulta de uma invenção individual nem de sua fantasia criadora, mas da transmissão e da memória[33].

A tradição grega perpetuava-se por meio dos tempos e dos feitos dos heróis do povo que valiam a pena ser lembrados. Essa lembrança valiosa era selecionada pelos deuses do Olimpo e chegava aos homens pela inspiração das musas. Os homens gregos ou entravam no *Hades* como uma sombra ou eram glorificados por *kléos*[34].

Havia uma conexão estreita entre heroísmo e imortalidade. A imortalidade individual só seria possível pelos atos heroicos que, quando cantados pelos poetas, tiravam do esquecimento os homens cujos feitos deviam ser lembrados.

---

31 Verdade, realidade. É o não esquecido, não perdido, não oculto; é o lembrado, encontrado, visto, visível, manifesto aos olhos do corpo e do espírito. É ver a realidade. É uma vidência e uma evidência, na qual a própria realidade se revela, se mostra ou se manifesta a quem conhece.

32 Esquecimento; personificado é *Léthe*, filha de *Éris*, guardiã da planície por onde correm as águas do Esquecimento.

33 VERNANT, J.P. *O universo, os deuses, os homens.* São Paulo: Cia. das Letras, 2000.

34 É a glória que passa de boca em boca, de geração a geração.

O canto de louvor associa-se à memória enquanto o silêncio e a censura se associam ao esquecimento. *Lethé* (esquecimento) se opõe a *aletheia* (verdade), assim como *mnemosyne* (memória) se opõe a *léthe* (esquecimento).

Aqui é importante perceber que a função da memória na sociedade grega arcaica se diferencia radicalmente do poder humano de recordar. As palavras proferidas pelos poetas não são resultado de seu poder humano de ouvir e recordar. Elas são o fruto de uma inspiração oriunda dos deuses. É como se as musas permitissem que o poeta assistisse "de verdade" aquilo que ele narrava, ou seja, os feitos dos heróis.

Lembrando que estamos trabalhando com outro sistema de referência, diferente do nosso, podemos entender a memória do poeta como um meio privilegiado de acesso ao atemporal mundo dos deuses. As musas, de fato, sabiam "o que foi, o que é e o que será". Neste sentido, só os poetas, assim como os sábios e os adivinhos, tinham acesso a essa verdade como dom de vidência.

Dessa forma, a palavra do poeta estabelecia as diferenças entre os homens. Mas, por outro lado, essa mesma palavra possuía também um aspecto de equidade, de justiça (*diké*), que associava o poder político a procedimentos adivinhatórios. As sentenças proferidas pelos reis de justiça seriam espécies de oráculos. Daí, segundo Marcel Detienne[35], há um sentido de justiça quando o rei se pronuncia por meio de sentenças ou o poeta por meio do louvor. Um elogio deve se fazer com justiça. Assim, a verdade da palavra do poeta seria reforçada pela justiça.

A palavra nesse mundo poético é uma palavra eficaz, pois uma vez articulada torna-se uma potência, uma força, uma ação que move deuses e homens. Quando *Apolo* profetiza, ele realiza. A palavra cantada pelo poeta intui um mundo simbólico e religioso que é o próprio real. É assim, uma palavra que realiza o real.

O homem grego é cósmico. Mas cósmico não significa perdido, afogado no universo, e sim uma outra forma de relação do sujeito humano consigo mesmo e com os outros. A máxima de Delfos ("Co-

---

35 DETIENNE, M. *Os mestres da verdade na Grécia arcaica*. Rio de Janeiro: Zahar, 1988.

nhece-te a ti mesmo") que nós ainda usamos, não significava para os gregos aquilo que significa para nós. Para nós, o conhecer a si mesmo seria um ato de introspecção, de autoanálise. Haveria um eu oculto, invisível a qualquer outro. Da mesma forma, a ideia do "penso, logo existo" seria muito estranha para os gregos, pois eles não tinham uma consciência subjetiva desse conhecimento ou dessa experiência. Para os gregos, a expressão "Conhece-te a ti mesmo" significava "aprende a conhecer teus limites, sabes que és um homem mortal, não tentes colocar-te ao nível dos deuses".

A palavra do poeta trazia, assim, a verdade para os homens a partir do louvor ou da censura (esquecimento). Para nós, que vivemos em uma civilização científica, a ideia de verdade está ligada às ideias de demonstração, verificação e experimentação. Como nos mostra Marcel Detienne[36], a nossa imagem do verdadeiro, tanto no campo da ciência quanto no senso comum, é solidária a um sistema de pensamento, à vida material e à vida social muito diferentes do sistema de pensamento da época micênica e da homérica.

Segundo o autor, ainda que a concepção ocidental de uma verdade objetiva e racional tenha surgido historicamente no mundo grego do século VI a.C., isso não nos autoriza a pensar a verdade como algo que tenha sempre existido da mesma maneira. Antes da organização da filosofia em torno de um campo conceitual, cuja noção central será a verdade (*aletheia*) objetiva e racional, havia a palavra do poeta que dizia a verdade (*aletheia*) e essa verdade, mágico-religiosa, era solidária a duas outras potências religiosas: *Mnemosyne* (deusa da memória) e seu reverso, *Léthe* (esquecimento).

Para Detienne, somente mais tarde, inserida no tipo de razão que a Grécia constrói a partir do século VI, uma determinada imagem da "Verdade" virá ocupar um lugar fundamental. De fato, quando a reflexão filosófica descobre o objeto próprio de sua busca, quando se desarticula do fundo do pensamento mítico, ela organiza um campo conceitual em torno de uma noção central que definirá, a partir de

---

36 DETIENNE, M. Op. cit.

então, um aspecto da primeira filosofia como tipo de pensamento e do primeiro filósofo como tipo de homem: *Aletheia* ou a "Verdade".

Segundo o mesmo autor, a pré-história da *aletheia* racional se encontrava orientada para determinadas formas de pensamento religioso nas quais a mesma "potência" desempenhava um papel fundamental por meio de três personagens fundamentais para o corpo social: o rei de justiça, o adivinho e o poeta. Do ponto de vista histórico, antes da formação da *pólis* e ainda no plano do pensamento mítico, o poder político do rei também estava intimamente ligado à verdade. A verdade que o rei dizia era a justiça. Uma justiça que, diferentemente da nossa, não estava baseada no inquérito ou em provas objetivas, mas em adivinhações. O rei era o responsável por aplicar corretamente as provas rituais que trariam a verdade dos deuses. Neste sentido o rei dizia a verdade que era a justiça.

Marcel Detienne, após analisar os pares que se opõem – *Aletheia* (Memória-Justiça) *versus Léthe* (Esquecimento) –, vai acrescentar nuanças a essas oposições. Essas nuanças se apresentam como potências associadas à *diké* (justiça). São elas a *pistis* e a *peithó*. *Pistis* seria a confiança, a crença nas *musas*, a fé no oráculo, ou seja, tudo aquilo que estivesse relacionado à crença na palavra mágico-religiosa. Por outro lado, *pistis* se relacionaria também com *peithó* que é a persuasão, a capacidade de convencimento. Dessa maneira, a verdade, que estamos associando à palavra mágico-religiosa do poeta, do rei e do adivinho, torna-se mais complexa quando entram em sua composição a *pistis* (confiança) e a *peithó* (persuasão).

A introdução da potência persuasiva, *peithó*, na palavra mágico-religiosa implicava ambivalência na medida em que podia haver tanto uma "boa" persuasão quanto uma "má" persuasão. A má persuasão seria uma espécie de esquecimento e se converteria em uma espécie de engano (*apatè*). Assim, a oposição, até então, clara e definida entre verdade (*aletheia*) e esquecimento (*lethé*) ao incluir a persuasão (*peithó*) que tem uma natureza ambivalente, introduz uma ambiguidade entre verdade e esquecimento.

No pensamento mágico-religioso, a persuasão (*peithó*) serve à verdade (*aletheia*), mas estaria também muito próxima ao esquecimento por se associar ao engano (*apathé*). No entanto, não se trata de uma contradição absoluta entre verdade e esquecimento. Existiria uma faixa de ambiguidade na qual elas ora se aproximam, ora se afastam por intermédio da "má" persuasão. Diferentemente de nosso sistema de raciocínio que opõe, de fato, a verdade à mentira, na lógica grega dos tempos micênicos e arcaicos, o próprio sentido de oposição se transformava em uma "oposição complementar". De nada valeria a palavra oracular se não houvesse a confiança e a persuasão.

Por outro lado, essa zona de ambiguidade na qual a verdade é constituída implica também um esquecimento. Quando as *musas* dizem a verdade, anunciam ao mesmo tempo o esquecimento das desgraças. Há uma trégua em relação às preocupações do cotidiano. Quando o poeta começa a cantar os homens esquecem as misérias, os sofrimentos e os temores da vida. Neste sentido, havia o bom esquecimento. Esse esquecimento benéfico liberava os homens das agruras da vida e os colocava mais próximos do universo transcendente do poeta.

Diferentemente de nosso sistema de referências que não admite a ambiguidade, a ambiguidade da palavra no pensamento mítico não se apresentava como um problema. Pelo contrário, os gregos daqueles tempos entendiam que luz e sombra não podiam ser separadas. Assim, *lethé* era a sombra da *aletheia*, e estavam inexoravelmente ligados.

Podemos compreender que esse tipo de palavra mágico-religiosa não estava somente voltada para o real, mas também para a ilusão do real. Essa ilusão se dava pelo poder de persuasão exercido sobre o outro. Podemos recorrer aqui a uma certa analogia com os recursos que atualmente nos ajudam a "esquecer" nosso real e realizar um imaginário por meio do cinema, dos livros e outros tipos de entretenimento.

Marcel Detienne também reconhece em Homero, mais precisamente nas assembleias dos guerreiros, o embrião da palavra-diálogo que vai ser a base da formação da *pólis*. Para ele, a figura do guerreiro encarnaria duplamente a preocupação com a palavra eficaz do poeta que lhe concederia a imortalidade por meio de seu canto e, em outro plano, no plano de sua experiência cotidiana, eles se relacionariam entre si para tratar dos assuntos humanos de guerra e de batalhas. Assim, quando estavam reunidos em assembleia, os guerreiros se organizavam em círculo, cujo centro era uma fogueira. Posicionados de modo equidistante, aquele que falava podia ouvir e quem ouvia podia falar. Aqui havia um outro tipo de palavra, uma palavra que circulava exclusivamente no âmbito humano. O lugar do centro, por definição, não podia ser monopólio de ninguém, inclusive de nenhum "mestre da verdade" (poetas, sábios ou adivinhos). Essa experiência de igualdade terminaria por conduzir à laicização da palavra mágico-religiosa e à política na medida em que o enfrentamento entre os homens não se dava apenas pelas armas, mas também pela palavra.

A palavra das assembleias guerreiras era uma palavra-diálogo, pois tinha um caráter igualitário e se inscrevia no tempo dos homens. Estas lidavam com assuntos humanos relativos à empresa do grupo (batalhas, distribuição de prêmios etc.). A eficácia desse tipo de palavra não se dava mais pela ação de uma potência religiosa transcendente aos homens, e sim pela sua capacidade de convencimento dos demais. Abria-se o caminho para um outro tipo de palavra que estava relacionada ao poder de persuasão, à *peithó*.

7
Hesíodo e a época arcaica

Como nosso propósito é desenvolver a questão do poder no mundo grego e este está ligado à palavra e também à justiça, vamos deixar "em suspenso" o tipo de palavra das assembleias dos guerreiros homéricos para introduzir Hesíodo[37], considerado pelos gregos como segundo poeta depois de Homero. Ele, como Homero, também invoca as *musas* para cantar. No entanto em *Os trabalhos e os dias*, os mitos evocados servem, de forma explícita, para a formulação da sabedoria humana (*sophia*) e da justiça (*diké*).

Ilustração 10 Hesíodo
Fonte: internet.

---

37 Hesíodo. *Os trabalhos e os dias*. São Paulo: Iluminuras, 1991 [Trad. de Mary Lafer].

Neste sentido é importante lembrar que os gregos iniciaram uma reflexão sobre os homens e deles se ocuparam de várias maneiras. Para desenvolver essa reflexão vamos utilizar fundamentalmente os livros de Werner Jaeger e Bruno Snell[38].

Enquanto as epopeias de Homero se referem ao mundo e à cultura dos nobres, o mundo de Hesíodo absorve esses valores e os coloca como possibilidade de aperfeiçoamento daqueles que trabalhavam com a terra. Hesíodo, segundo Werner Jaeger, vê heroísmo também na vida silenciosa e tenaz dos lavradores e a exigência de uma disciplina essencial para a formação do homem. Ainda existe a influência da cultura nobre e do seu fermento espiritual em Hesíodo. O processo da formação grega não se consuma pela simples imposição ao resto do povo das maneiras e formas espirituais criadas por uma aristocracia. Para o referido auto, quando Hesíodo despertou para a vocação com a inspiração das musas que lhe puseram nas mãos o bastão do rapsodo[39], ele não se contentou em difundir somente o esplendor e a pompa dos versos de Homero, diante das turbas que o ouviam nas aldeias. Assim, foi-lhe concedido pelas musas desvendar os valores próprios da vida do campo e acrescentá-los ao tesouro espiritual de toda a Hélade.

O tema de *Os trabalhos e os dias* é a conduta imprópria de Perses, irmão de Hesíodo, que usurpou a herança dos pais que devia ser repartida entre os irmãos. Essa usurpação traduzia, para o poeta, a luta entre a força e o direito. É importante lembrar que não estamos considerando *Os trabalhos e os dias* como reflexo de uma situação realmente vivida pelo poeta e sim como fruto das convenções da época.

Essa luta para Hesíodo não existira no mundo dos heróis homéricos. A acusação dos reis "comedores de presente", a sua ambição e o abuso brutal do poder só podia fazer parte de um mundo no qual se

---

38 JAEGER, W. *Paideia*: a formação do homem grego. São Paulo: Martins Fontes, 1989. • SNELL, B. "O mundo dos deuses em Hesíodo". *A descoberta do espírito*. Lisboa: Ed. 70, 1992.

39 Cantor ambulante de rapsódias, as quais eram trechos de uma composição poética.

confrontavam face a face o *láos*[40] e o *demos*[41]. Essa situação não era a situação do mundo heroico de Homero e sim a história da Idade do Ferro, ou seja, a própria época hesiódica. Sabemos disto porque o próprio poeta reconhece uma decadência. A história das cinco idades do mundo, que começa com os tempos dourados e leva, pouco a pouco, em linha descendente, à subversão do direito, da moral e da felicidade humana nos duros tempos, é a representação que Hesíodo faz de seu tempo. Um tempo em que os acólitos de Zeus, *Aidos*[42] e *Nêmesis*[43] velaram-se e abandonaram a terra para voltarem ao Olimpo, com os deuses. Só deixaram entre os homens sofrimentos e discórdias sem fim.

Hesíodo nos permite conhecer com clareza o tesouro espiritual que os camponeses beócios possuíam, independentemente de Homero. Para Jaeger, a atitude original do homem perante a existência ganha forma nos mitos e, ao lado deles, o povo guardava a sua antiga sabedoria prática adquirida pela experiência imemorial de incontáveis gerações e que se compõe de conhecimentos e conselhos profissionais, e de normas morais e sociais, concentradas em fórmulas breves, de modo a permitir conservá-los na memória. Velhas regras sobre o trabalho nos campos nas várias épocas do ano, uma meteorologia com preceitos sobre a mudança apropriada do vestuário e regras para a navegação, tudo envolto em vigorosas máximas morais e em preceitos e proibições colocados no princípio e no fim.

---

40 O grupo de guerreiros armados, escolta do rei micênico. Em Homero, esses homens aparecem como séquito do rei, mas também como companheiros entre si. Seriam proprietários de uma terra arável ou de vinhas, oferecidas como recompensa por seus serviços prestados à realeza.

41 Originariamente indica a porção de um território habitado por um grupo ou comunidade. A seguir ganha o sentido étnico de população ou povo de um país. Mais adiante recebe o sentido político de povo (por oposição ao rei e à aristocracia). No caso desta questão, *demoi* seriam as terras comuns dos camponeses da aldeia, propriedade coletiva do grupo rural, cultivadas segundo o sistema de "campo aberto", e que, segundo Vernant, talvez fossem objeto de uma redistribuição periódica.

42 Deusa da vergonha, da modéstia e da humildade. Segundo Hesíodo, ela foi a última deusa a deixar a terra depois da Idade de Ouro, acompanhada por *Nêmesis*.

43 Deus da justa retribuição e da vingança.

Segundo Jaeger, a vida camponesa opõe-se totalmente à cultura da nobreza. A educação e a prudência na vida do povo não conhecem nada de semelhante à formação da personalidade total do homem, à harmonia do corpo e do espírito, à destreza igual no uso das armas e das palavras, nas canções e nos atos, tal como exigia o ideal cavalheiresco. Em contrapartida, impõe-se uma ética vigorosa e constante, que se conserva imutável por meio dos séculos, na vida material dos camponeses e no trabalho diário da sua profissão.

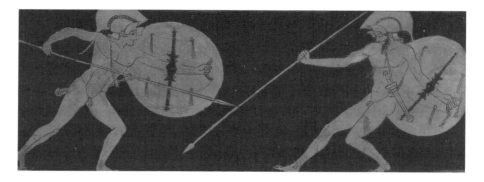

Ilustração 11 Aperfeiçoamento do corpo heroico
Fonte: *Revista Biblioteca Entrelivros Grécia*, ed. esp., n. 1, p. 24.

Em Hesíodo introduz-se, pela primeira vez, a ideia do direito relativo aos homens. Outra novidade é a narrativa em primeira pessoa. Hesíodo abandona a tradicional objetividade da epopeia e torna-se porta-voz de uma doutrina que maldiz a injustiça e bendiz o direito. Hesíodo procura convencer Perses de que Zeus ampara a justiça, ainda que os juízes da Terra a espezinhem e de que os bens mal-adquiridos nunca prosperem.

Assim como Homero descreve o destino dos heróis que lutam e sofrem como sendo um drama dos deuses e dos homens, Hesíodo apresenta o simples acontecimento civil da ação judicial como uma luta entre os poderes do céu e da terra pelo triunfo da justiça. Naturalmente, Hesíodo não pode, como faz Homero, transportar os seus ouvintes para o céu porque nenhum mortal pode conhecer as decisões de Zeus a seu respeito e a respeito das suas coisas. Só pode rogar-lhe que defenda a justiça. Zeus que humilha os poderosos e exalta os humildes, deve fazer com que seja justa a sentença dos juízes. O próprio poeta se encarrega na terra, do papel ativo de dizer a verdade ao irmão extraviado e afastá-lo do caminho funesto da injustiça e da contenda. *Éris*[44] é uma divindade a quem os homens têm de pagar tributo, mesmo contra sua vontade. Mas ao lado da ruim, há uma *Éris* boa, que não fomenta a guerra, mas sim a emulação. Zeus atribui-lhe a morada nas raízes da terra. Esse tipo de luta é boa na medida em que induz o preguiçoso à cobiça em face do êxito do vizinho e assim move ao trabalho e ao esforço honesto e fecundo.

Neste sentido, o poeta dirige-se a Perses alertando-o contra a *Éris* ruim. Só o ricaço, que tem cheio os celeiros e não está preocupado com a própria subsistência, pode entregar-se à inútil mania das disputas pela palavra. Ele pode fazer maquinações contra a fazenda e os bens dos outros, e desperdiçar o tempo no mercado. A única força terrena que se pode opor ao domínio da inveja e das disputas é a *Éris* boa, com sua pacífica emulação no trabalho. O trabalho é, de fato, uma necessidade dura para o homem. Mas aquele que, por meio dele, provê sua modesta subsistência, recebe bênçãos maiores do que aquele que cobiça injustamente os bens alheios.

Para o poeta, esta experiência baseia-se nas leis imutáveis que regem a ordem do mundo, enunciadas de forma religiosa e mítica. Em Homero, as sagas dos heróis dificilmente participam da especulação cosmológica e teológica. Já em Hesíodo encontramos, segundo Jaeger, os três elementos essenciais para uma doutrina racional do devir no mundo: o caos, a terra e o céu. Essa doutrina está na *Teogonia* de Hesíodo. No entanto, para nós, é especialmente interessante salientar que, junto com a evolução do mundo com suas forças telúricas e atmosféricas, há também um sentido moral. Hesíodo põe os dados

---

44 É a luta, a disputa, a controvérsia tanto no plano das palavras quanto no das disputas materiais. É a discórdia, filha da noite.

da tradição mítica grega a serviço de uma concepção sistemática da origem do mundo e da vida humana. Ele julga assim, ainda na leitura de Jaeger, toda força ativa como uma força divina. Mas esse sistema mítico é constituído e governado por um elemento racional.

Hesíodo aplica a forma "causal" para pensar o Mito de Prometeu e os problemas éticos e sociais do trabalho. Para ele, o trabalho e os sofrimentos devem ter aparecido algum dia no mundo. Não podem ter feito parte, desde a origem, da ordem divina e perfeita das coisas. Hesíodo assinala-lhes como causa a sinistra ação de Prometeu que roubou o fogo divino de Zeus. Ele, porém, imprime um sentido moral ao mito. Como castigo para tal roubo, Zeus criou a primeira mulher, a astuta Pandora, mãe de todo gênero humano. Da caixa de pandora saíram os demônios da doença, da velhice, e outros males mil que hoje povoam a terra e o mar.

Hesíodo não reconta o Mito de Prometeu e os outros mitos a partir de um desejo pessoal e arbitrário. O poeta estrutura, ali, uma nova forma de vida para o seu tempo e interpreta o mito de acordo com as suas novas evidências. O mito só se mantém vivo devido à contínua metamorfose de sua ideia. Mas a ideia nova é transportada pelo veículo seguro do mito. Isso já é válido para a relação do poeta com a tradição na epopeia homérica. Mas em Hesíodo torna-se ainda muito mais claro, visto que nele, apesar da invocação às musas, a individualidade poética aparece de modo evidente. Ele age com plena consciência e serve-se da tradição mítica como de um instrumento para o seu próprio desígnio.

Hesíodo, neste sentido, normatiza o mito: enumera como causas da desavença, cada vez maior entre os homens, o aumento da irreflexão, o desaparecimento do temor aos deuses, a guerra e a violência. Na quinta idade, a do ferro, em que o poeta lamenta ser forçado a viver, domina só o direito do mais forte. Nela só prosperam os malfeitores.

Diké[45], filha de Zeus, converte-se numa divindade independente. Ela senta-se junto de Zeus e lamenta quando os homens abrigam desíg-

---

45 Deusa da Justiça. Ela deve impor uma regra de equilíbrio entre os seres e punir a transgressão da regra. Ela estabelece uma medida justa para avaliar o modo de ser e de agir dos homens, assim como do mundo da natureza.

nios injustos. Hesíodo pensa que entre os homens não se deve apelar, jamais, para o direito do mais forte, como o falcão faz com o rouxinol. O direito situa-se no centro da vida e é um conceito religioso que já em Homero é elogiado, principalmente na *Odisseia*. Nesta aparece a convicção de que os deuses são guardiães da justiça e de que seu reinado não seria realmente divino se não levasse, por fim, ao triunfo da justiça.

Em Hesíodo há uma paixão religiosa pelo direito, e ele, Hesíodo, é seu profeta. Simples homem do povo, ele empreende uma luta contra o seu próprio meio em nome de uma fé inquebrantável na proteção do direito pelos deuses. A força reformadora com que vive esta ideia na vida real, bem como o absoluto predomínio da sua concepção de governo dos deuses e do sentido do mundo, inaugura uma nova época. A ideia do direito é para ele a raiz de que deverá brotar uma sociedade melhor. A identificação da vontade divina de Zeus com a ideia do direito e a criação de uma personagem divina, *Diké*, tão intimamente ligada a Zeus, são a imediata consequência da força religiosa e da seriedade moral com que a classe camponesa nascente e os habitantes da cidade sentiram a exigência da proteção do direito. Hesíodo coloca, assim, ao lado da *areté* cavaleiresca, uma doutrina da *areté* do homem simples assentada na justiça e no trabalho.

Vimos que na realeza micênica todos os atributos do poder estavam concentrados na pessoa do rei e como toda a organização social palaciana dependia desse controle. Vimos que, mesmo pensando cantar as glórias da realeza micênica, Homero apresenta um mundo bastante diverso. Neste sentido, vale ressaltar a importância do poeta como porta-voz do mundo dos deuses e das potências divinas. Inspirado pelas musas, ele diz o que vale a pena ser lembrado ou esquecido. Porém, ao lado desta palavra mágico-religiosa e eficaz, insinua-se um outro tipo de palavra, a palavra-diálogo. No mundo apresentado por Homero essa palavra laicizada dizia respeito às ações dos homens diante do próprio grupo social, no caso, o grupo dos heróis guerreiros, mas sempre na dependência da ação dos deuses. A possibilidade de um grupo guerreiro que pudesse ultrapassar o grupo familiar e territorial do *oikós* é que será de fundamental importância para a compreensão do nascimento da *pólis*. A singularidade de um grupo baseada no reconhecimento de uma igualdade não mais fundada nos laços de sangue ou parentesco é, de fato, algo que vai permitir o desenvolvimento da ideia de que possa haver entre os homens algo "em comum", ou seja, "o que é de domínio público", a política e a *pólis*.

Nas assembleias guerreiras, além de realizar ações, o guerreiro tinha o direito de dizer palavras. Assim, a palavra deixava de ser privilégio de um homem excepcional (o rei, o poeta ou o adivinho) dotado de poderes religiosos. Já do lado de Hesíodo encontramos uma nova situação. Apesar de invocar as *musas*, ele sabe que os tempos são diferentes. O mundo de luta e glória dos heróis já não existe. A soberania impessoal do grupo e a possibilidade de uma palavra que fosse recíproca e reversível serão solidárias a duas noções complementares que vão estar na base da *pólis*: a publicidade e a comunidade.

Embora não se possam traçar as condições que permitiram o surgimento da *pólis* arcaica, centrada no reconhecimento de uma aristocracia que compartilhava decisões e modos de vida e que se opunha ao poder dos reis, sabe-se que, historicamente, em meados do século VIII há um movimento grego de expansão e colonização capitaneado por um grande número de aristocratas mais ou menos independentes.

Os horizontes se alargaram com a liberação do comércio. Essa nobreza tinha um estilo de vida que fazia com que se reconhecessem em qualquer lugar do mundo grego. Não era mais a nobreza homérica com seu potencial de conflito e sim uma nobreza que fixou metas novas e mais "elevadas" definindo medidas e limites próprios aos mortais. Esse novo estilo atualizava-se em jogos, festas, banquetes e na cultura do canto e dança. A aristocracia se transformava: o homem bem-nascido – *kalós kagatós*[46] – passava a ostentar seu prestígio mais no estilo de vida do que nos antigos valores ligados à guerra e à religião.

---

46 O homem bem-nascido, o nobre que possui a *areté*.

8

A *pólis*: problemas e soluções em Esparta e Atenas

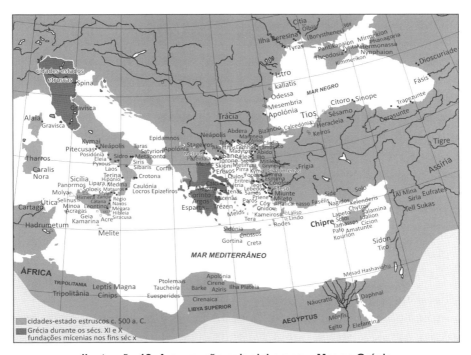

Ilustração 12 A expansão colonial grega – Magna Grécia

Fonte: LEVI, P. *Grécia, berço do Ocidente*. Vol. I. Madri: Del Prado, 1996, p. 66-67 [Coleção Grandes Impérios e Civilizações].

O estilo de vida dos nobres

A origem dos Jogos Olímpicos na Grécia é frequentemente associada à celebração do esporte e do culto à beleza estética humana, como se estes fossem seus objetivos principais. Fala-se pouco, porém, na intenção mística e fúnebre de saudar os mortos de cada cidade. No canto IX da *Ilíada*, Homero relata detalhadamente as competições fúnebres que precederam a inumação de Pátroclo, escudeiro de Aquiles.

De quatro em quatro anos, cada *pólis* dedicava um dia do ano (a primeira lua cheia do verão do Hemisfério Norte) para reverenciar os falecidos nesse quadriênio, e reuniam num campo os pertences dos mortos e abandonavam momentaneamente a cidade, para deixar que os espíritos passeassem entre suas lembranças de vida terrena. [...]

Na cidade de Olímpia (que, diferentemente do que afirma o senso comum, não fica aos pés do Monte Olimpo) havia um templo de dimensões magníficas dedicado a Zeus. Como todo deus da Antiguidade Clássica, Zeus possuía variações, de acordo com o mito, a cultura e as particularidades que cada cidade-estado lhe atribuía. O Zeus de Olímpia era o chamado Zeus Olímpico, e junto a seu templo se realizavam os jogos esportivos idênticos aos das outras cidades. Porém era em Olímpia que os jogos atingiam sua plenitude, em organização e número de participantes, e onde desenvolveram-se como competições regulares e de extrema importância para todos os helênicos – e eram chamados Jogos Olímpicos.

A festa começava como celebração dos mortos, e já atraía gigantescas procissões de gregos de várias cidades-estado. Era algo inevitável, pois, que surgissem algumas rixas ou contendas entre os peregrinos. Para distrair esses brigões e proteger a paz das celebrações religiosas, a "organização do evento" passou a promover competições esportivas simultâneas ao culto.

O registro mais antigo dos Jogos Olímpicos que chegou aos nossos dias data de 776 a.C. Trata-se de uma inscrição num disco de pedra, encontrada nas ruínas do templo de Hera em Olímpia, que se refere ao acordo de tréguas e manutenção de paz durante a realização dos Jogos Olímpicos, selado entre os reis Ifitos de Ilía, Licurgo de Esparta e Clístenes de Pisa. Com o tempo, outros reinos se foram juntando a este acordo, e a partir daí os Jogos Olímpicos tornaram-se competições de paz, primeiro entre os homens, depois entre as nações.

A época arcaica, além de marcar a superação da monarquia pela aristocracia, pode ser caracterizada, então, por um aumento demográfico, expansão comercial, colonização, retomada dos contatos com o Oriente, desenvolvimento de manufaturas e pela introdução do escravo-mercadoria. Surge um novo tipo de proprietário de bens de raiz que, diferentemente do chefe do *oikós*, preocupa-se com o rendimento de suas terras, que especializa seu cultivo de uvas e azeitonas e que, por vezes, apropria-se também dos bens de seus clientes ou devedores. Neste sentido, muitos camponeses devedores perderam suas terras.

Contra essa situação ouvimos o clamor de Hesíodo pela *diké* que, em sua origem, tinha um sentido de igualdade significando o cumprimento da Justiça, plataforma da vida pública perante a qual seriam considerados "iguais" os grandes e os pequenos.

Talvez a especificidade grega tenha sido a recusa da aceitação deste estado de confronto e injustiça que colocava face a face os "reis comedores de presentes" e os pequenos. Eles viam e denunciavam tal situação como um excesso; e agora a luta contra a *hybris* era estendida ao corpo social. Houve um esforço de renovação nos planos religioso, jurídico, político e econômico que estavam totalmente imbricados e cujo objetivo era reduzir a *dynamis*[47] dos *gene* aristocráticos fixando um limite à sua ambição, à sua iniciativa e ao seu desejo de poder. Essa renovação entendia que todos deviam submeter-se a uma regra geral cuja coação se aplicasse igualmente a todos. Essa regra comum era a *diké*, a justiça que deveria estabelecer esse justo equilíbrio, garantir a *eunomia*[48] – a divisão equitativa dos cargos e das honras, do poder entre os indivíduos e as facções que compunham o corpo social. Por muito tempo, até a crise da época arcaica, houve a supremacia de uma *diké* aristocrática, nascida talvez de seu princípio igualitário que, como vimos, nascera a partir das assembleias guerreiras. Agora, esse mesmo princípio igualitário dava origem a uma reflexão moral e política de caráter laico que encarava de maneira puramente positiva os problemas da ordem e da desordem no mundo humano.

---

47 É a potencialidade de realizar algo. Força da natureza, força moral, eficácia de um remédio, valor de uma moeda ou mesmo o significado de uma palavra. É ter poder para realizar algo. É a força em potência.

48 Partilha equilibrada, justa distribuição.

Com Hesíodo a *diké* ainda estava referida ao mundo dos deuses. Para ele, não é pela disputa e pela injustiça que o homem consegue chegar ao seu objetivo. Para alcançar a verdadeira prosperidade precisa ajustar as suas aspirações à ordem divina que governa o mundo. A necessidade de justiça e honradez fundamenta-se na ordem moral do mundo. A ética do trabalho e da profissão deriva da ordem natural da existência e dela recebe as leis que a regem. Em Hesíodo, ordem moral e ordem natural derivam igualmente da divindade. Tudo que o homem faz e omite, quer nas relações com os seus semelhantes e com os deuses, quer no trabalho quotidiano, forma uma unidade com sentido.

Segundo Jaeger, Hesíodo apresentar a consciência de ensinar a verdade é novidade em relação a Homero. É característica pessoal do poeta-profeta grego querer guiar o homem transviado para o caminho correto, por meio do conhecimento mais profundo das conexões do mundo e da vida. Neste sentido havia uma crença na ideia de uma legalidade cósmica imanente que, dominada pela Justiça, convertia-se em um princípio universal para os gregos. Essa legalidade habitaria tanto os homens quanto as coisas e haveria sempre uma tendência ao equilíbrio, pois o cosmos seria regido por leis (*nomos*) orientadas pelo princípio da justa medida. Assim a *hybris* é condenada como injustiça, um mal tanto social quanto cósmico.

Mas será somente com Sólon que a *diké* será incluída no elenco das virtudes tradicionais. A virtude cívica – *dikaiosyne*[49] – significava que não bastavam leis justas e sua simples obediência. Era preciso também uma justa intelecção, um justo entendimento, a alta medida para que a *diké* e o *nomos* não ficassem desmoralizados pela farsa das aparências. Essa alta medida dependeria, assim, tanto de um conhecimento quanto de um sentimento de vergonha referidos ao juízo social da *pólis* e à atenção íntima ao juízo alheio.

Vemos que ao longo da história grega a *diké* constituiu-se em plataforma da vida pública, perante a qual são considerados "iguais" gran-

---

[49] Aquilo que está de acordo com a regra, o que é conveniente e adequado ao direito, ao justo e ao honesto.

des e pequenos. O termo abstrato *dikaiosyne* vai tornar-se a *areté* por excelência no mundo da *pólis* desde que se julgou ter na lei escrita o critério infalível do justo e do injusto. O ideal antigo da *areté* heroica de Homero converte-se em rigoroso dever para com o Estado-*pólis*.

Tais questões, de certa forma, presidiram o surgimento da *pólis* no mundo grego. Em Homero encontramos a importância dos valores nobres, a conquista da fama e o reconhecimento da comunidade. Ainda que os deuses sejam responsáveis e atuem diretamente sobre as decisões dos homens, há espaço para que alguns problemas humanos sejam colocados. Neste sentido podemos perceber os debates das assembleias guerreiras e os acordos sobre a distribuição dos prêmios de guerra. Como vimos, no mundo dos homens há sempre um sentimento de justiça que deve ser considerado. O respeito à medida orienta a conquista e a manutenção da honra e da fama dos heróis homéricos. Esta mesma consideração à medida também está presente em Hesíodo, mas já não diz respeito aos heróis e sim à justiça entre os homens.

Em torno dos séculos VIII e VII a.C. há o surgimento da *pólis*. A partir de então, segundo Vernant, ela será o quadro essencial no qual a civilização grega irá se expandir. Suas origens são obscuras e suas formas variadas. Porém, a organização social assentada no sistema de *pólis* foi uma grande revolução, pois, ao contrário do poder centralizado da realeza, ela significa a capacidade de organização dos homens gregos por eles mesmos. O campo dos interesses gerais que o soberano/rei tinha por função regularizar e ordenar, agora, com o sistema de *pólis*, pertence ao debate. Dessa maneira a palavra ganha preeminência sobre todos os outros instrumentos do poder. Ela é instrumento político, chave de toda a autoridade, meio de comando e de domínio sobre outrem. Esse tipo de palavra que a *pólis* leva adiante não é mais, como vimos, a palavra mágico-religiosa, um termo ritual ou uma fórmula eficaz. Ela pressupõe o diálogo, o debate contraditório, a discussão e a argumentação. Supõe também um público que ouve, opina e julga. É uma escolha puramente humana!

O poder – *arché*[50] – que antes pertencia ao rei ou às famílias aristocráticas como privilégio, passa para o proveito do grupo e fica submetido ao olhar de todos. Há, então, uma plena publicidade que distingue um domínio público tanto no sentido de um setor de interesse comum oposto ao domínio privado, enquanto práticas abertas, estabelecidas em pleno dia, opondo-se aos processos secretos de adivinhação.

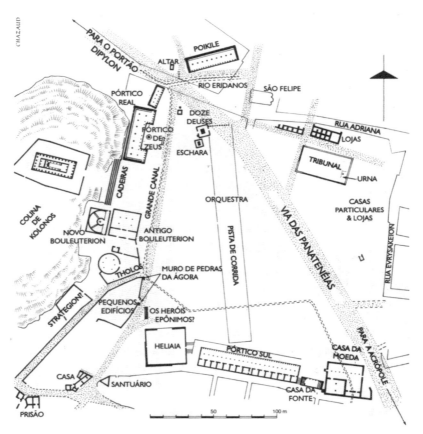

Ilustração 13 *Ágora* de Atenas, c. 400 a.C.
Fonte: SENNETT, R. *Carne e pedra*. Rio de Janeiro: Record, 1997.

---

50 É o que está à frente, o princípio e também aquilo que comanda o que resta. É fundamento das ações e também é poder, autoridade, governo. Ela compõe as três formas de comando político: *monarkhia* (governo de um); *oligarkhia* (governo de poucos) e a *anarkhia* (ausência de comando).

O debate e a publicização instituem a política como exercício de linguagem e permitem que o *lógos*[51] tome consciência de si próprio, de suas regras e eficácia. Por meio da sofística[52] e da retórica[53] desenvolvem-se técnicas de persuasão e regras de demonstração. Enfim, a palavra que antes estava ancorada na eficácia mágico-religiosa agora se abre e se torna problema.

A *pólis*, como algo comum a todos, assentava-se numa justiça (*diké*) agora encarnada num plano propriamente humano e realizada na lei, regra comum a todos, mas superior a todos. Concebida como sagrada, apesar de modificável, a lei escrita e publicizada estabelecia uma medida comum. A justiça torna-se negócio público.

O desenvolvimento da noção comunitária implicava o estabelecimento de critérios de pertencimento. Para a *pólis* só os semelhantes podiam encontrar-se unidos pela amizade. As relações de reciprocidade substituíam as relações hierárquicas de submissão e de domínio características da realeza. Pertencer à *pólis* era ser cidadão e, apesar das diferenças sociais que opunham os cidadãos no concreto da vida social, eles se concebiam, no plano político, como unidades permutáveis. Essa permuta referia-se a um sistema cuja lei era o equilíbrio e cuja norma era a igualdade por meio da *isonomia*. Esse ideal de isonomia significava a igual participação de todos no exercício do poder e pôde prolongar ou traduzir aspirações comunitárias que, como vimos, remontam à aristocracia cantada por Homero.

A *pólis* rejeita as atitudes tradicionais da aristocracia guerreira tendentes a exaltar o prestígio, a reforçar o poder dos indivíduos e dos *gene* e elevá-los acima do comum. O valor supremo agora é aquilo que é comum a todos os cidadãos, é a própria cidade. Daí o sentido da

---

51 É a palavra, o que se diz, a sentença, assunto da discussão. É o pensar, a inteligência, a razão e o exemplo. É também o exercício da razão na argumentação, o bom-senso. Reúne, em vários sentidos, linguagem, pensamento (razão), norma, e o ser de alguma coisa, sua realidade íntima.

52 Arte da astúcia, do engenho que engana com palavras.

53 Arte de encontrar o que há de persuasivo em uma situação. Aristóteles (século IV a.C.) vai sistematizar a arte da argumentação desenvolvida inicialmente pelos sofistas.

reforma *hoplita*[54], ou seja, o combate em linha que organiza a falange e acaba com as prerrogativas dos *hippeis*[55]. Ao contrário do valor individual das façanhas dos heróis, o que importa agora é o ordenamento coletivo. Cada um em seu lugar marcado e sem poder sair dele, pois isto implicaria destruição. Assim, com a organização militar da *pólis* a ética do guerreiro muda radicalmente com relação ao mundo homérico. A ética guerreira passa a ser feita de *sophrosyne*[56], e a *Éris*[57], o espírito de luta, devia submeter-se à *Philia*[58], ou seja, ao espírito de comunidade. São então condenados como *hybris* tudo aquilo que se contrapõe ao espírito de igualdade política. Neste sentido podemos entender a condenação da ostentação da riqueza, o luxo das vestimentas, a suntuosidade de alguns funerais, as manifestações excessivas de dor e a audácia dos jovens nobres.

Por outro lado, a criação deste espaço de isonomia, de pertencimento comunitário, trazia suas noções antitéticas: os cidadãos e os não cidadãos que eram os estrangeiros (*metecos*), as mulheres e os escravos. Para que o plano político pudesse, de fato, abrigar as discussões e os debates sobre as coisas em comum, era preciso "liberar" os cidadãos das atividades do mundo da necessidade (*oikós*).

O suporte desta nova vida baseada na política exige uma reflexão sobre as instituições que dão forma às questões até então levantadas. Neste caso, vamos nos centrar na organização institucional de Esparta e Atenas já na época clássica, ou seja, após as soluções encontradas para a questão dos confrontos no interior da aristocracia e entre

---

54 Soldado ateniense que pertence a uma formação de combate que define uma posição fixa para cada indivíduo.

55 Homens que combatiam individualmente, com seus carros e cavalos. É o combate dos heróis homéricos.

56 Estado de saúde e perfeição do corpo e do espírito. Como verbo significa tornar-se moderado, prudente; aprender a conter os desejos, impulsos e paixões. É o ideal ético do sábio, pois significa integridade física e psíquica daquele que sabe moderar seus desejos e pratica a prudência.

57 É a luta, a disputa, a controvérsia tanto no plano das palavras quanto no das disputas materiais. É a discórdia, a filha da noite.

58 É a amizade, a viva afeição, sentimento de reciprocidade entre os iguais.

esta e o *demos*, no caso de Atenas, e na constituição de um corpo de iguais, em Esparta.

A partir do livro de Claude Mossé[59] *As instituições gregas*, podemos observar os seguintes tipos de organização que permitiram a constituição de um espaço cívico. Comecemos, então, por Esparta.

Ali, havia uma Assembleia (*apella*) composta por todos os espartanos que não tivessem descido à classe dos inferiores por falta de condições de contribuir para as refeições coletivas (*syssiton*). A Assembleia se reunia uma vez por mês, ao ar livre, em lugar não identificado. O segredo de tal lugar garantia a proteção do grupo, ao passo que as refeições coletivas reforçavam sua coesão. Por outro lado, o poder da Assembleia era limitado, pois ela não discutia qualquer proposta apresentada, apenas votava. Ela também podia ser dissolvida, pelos reis e pela *gerousia* (conselho dos mais velhos), sempre que houvesse uma decisão contrária à Constituição. A Assembleia votava a paz e a guerra, elegia os magistrados e indicava os anciãos que compunham a *gerousia*.

No total, eram 28 os anciãos que compunham esse conselho, juntamente com os dois reis. É interessante notar a preocupação espartana com os procedimentos de votação. Se um *geronte* morresse, os candidatos à sucessão apresentavam-se à Assembleia e a decisão era tomada pelo volume dos aplausos ouvidos por juízes que ficavam numa casinha. Com idade mínima de 60 anos, esses *gerontes* formulavam e redigiam os projetos de lei que seriam apresentados e votados na Assembleia. Se a Assembleia não aceitasse um projeto proposto pela *gerousia*, ela poderia ser dissolvida. Pertencia ao conselho dos anciãos, portanto, a decisão final. Esse conselho também era a mais alta instância da justiça criminal.

Em Esparta havia outra instituição chamada *eforato*, composto pelos magistrados. Eles formavam um colégio de cinco membros

---

59 Cf. MOSSÉ, C. *As instituições gregas*. Lisboa: Ed. 70, 1985. • *Atenas*: a história de uma democracia. Brasília: UnB, 1982. • ANDRADE, M.M. *A vida comum* – Espaço, cotidiano e cidade na Atenas Clássica. Rio de Janeiro: DP&A, 2002.

eleitos por um ano. Como parece não ter havido nenhum caráter de censo ou de nascimento para ser membro do *eforato*, alguns teóricos políticos posteriores, do século IV e V a.C., viam ali a expressão de um caráter democrático da constituição espartana.

Esses magistrados eram os guardiões da constituição (*politheia*) e estavam sempre prontos a atuar contra todos os homens que a pudessem ameaçar, mesmo se esses homens fossem *gerontes* ou reis. Alguns estudiosos entendem a origem do *eforato* ligada às atribuições dos antigos reis palacianos; outros, como herdeiro dos adivinhos. De qualquer modo, o importante é salientar que o *eforato*, a partir do século VI a.C., teve seu significado sedimentado como um meio de defesa contra um eventual desenvolvimento tirânico do poder real. A forma "democrática" do recrutamento dos éforos também pode ter sido uma satisfação dada ao *demos*.

O presidente do colégio dos éforos também presidia a Assembleia e, em tempos de guerra, eram os éforos que davam a ordem de mobilização, que indicavam aos generais a tática de guerra a seguir. Dois éforos acompanhavam sempre aquele que, dentre os dois reis, recebia o comando supremo em campanha. Eles controlavam também a educação e tinham poderes judiciais alargados, aos quais os próprios reis não escapavam. Porém, a elegibilidade, por um ano, impedia a apropriação pessoal do poder.

A existência dos reis em Esparta é, de fato, uma questão controversa. É provável que a dupla realeza tenha existido, também, em outras cidades gregas, no início do período arcaico, tendo se transformado em alguma magistratura de caráter religioso, eletiva e anual, com a evolução constitucional. Segundo Mossé, os reis presidiam os sacrifícios antes de qualquer operação militar. Como os reis homéricos, eles também recebiam um pedaço de terra (*temenos*), um domínio na terra dos periecos. Os reis deviam prestar juramento à constituição. E somente no plano militar é que sua autoridade parecia absoluta. De nove em nove anos os reis eram submetidos a uma espécie de julgamento divino. Neste caso, a aparição de uma estrela cadente no céu, durante uma noite particularmente límpida, testemunhava a cólera dos deuses e a culpabilidade dos reis. Desse modo, o poder dos reis era suspenso até que um oráculo o reabilitasse.

Para Claude Mossé, toda a história de Esparta parece dominada por conflitos que, de fato, opuseram os reis à gerusia e também os reis aos éforos. Os reis eram quase sempre acusados de praticar uma política externa demasiado pessoal.

Em Atenas a instituição mais importante era também uma Assembleia, a *Ecclesia*, que significava todo o povo reunido. Teoricamente, todos os cidadãos atenienses tinham o direito e o dever de assistir às suas sessões. Mas era uma minoria que realmente se interessava pelos assuntos da cidade. Para os cidadãos que moravam longe era difícil passar um dia inteiro na colina da *Pnice*. Pela manhã, havia mais gente do que de tarde e alguns assuntos eram deixados para ser votados no final da tarde. O *quorum* era de 6 mil. Havia dificuldade para os camponeses irem à Assembleia, e eles sentiam vergonha de falar. No século IV, quando a cidade, para fazer frente ao absenteísmo crescente instituiu o *misthos ecclesiastikus*, os pobres passaram a ser a maioria.

Como em Atenas havia quatro assembleias por tribo e, com o estabelecimento da democracia houve a divisão da população ateniense em 10 tribos, podemos calcular a existência de 40 reuniões da Assembleia por ano. Porém, apenas duas eram em data fixa, uma abrindo o ano civil e a outra depois das festas dionisíacas. A Assembleia principal de cada tribo (*pritania*) confirmava nos seus cargos os magistrados confiáveis, e deliberava sobre abastecimento de cereais, sobre a política externa e sobre a votação de ostracismo.

Havia três outras assembleias consagradas. Uma era consagrada aos *hiketeriai*, às súplicas na qual cada cidadão poderia se pronunciar diante do povo. As outras duas tratavam de assuntos correntes, de assuntos sagrados e de política externa com a audição de embaixadores estrangeiros.

O lugar de reunião era a colina da *Pnice* – uma construção em hemiciclo alongado e sustentado por um muro de 120m de diâmetro.

Uma plataforma talhada na rocha formava a tribuna, onde se encontrava um altar do *Zeus Agoraio*. Era daí que os oradores, o presidente e o secretariado participavam das sessões. No século V, o *epístata* dos *prítanes* – o presidente – era sorteado diariamente entre os 50 *buleutas* que, durante 1/10 do ano constituíam a secção permanente do conselho. Mas depois, na época de Aristóteles, século IV, a Assembleia era presidida pelo *epístata* dos *proedros* – novos personagens sorteados para constituir o secretariado da Assembleia e do Conselho e que eram provenientes das tribos que então não exerciam a *pritania*. O presidente era assistido por um arauto e um secretário.

No ritual de abertura, o presidente procedia ao sacrifício e depois lia o relatório da *Bulé*, sobre o projeto apresentado. Depois, votava-se se o projeto seria adotado sem discussão ou se deveria ser discutido. No século V a.C., nenhum assunto deixava de passar pelo conselho. Já no século IV, podia acontecer que a deliberação se iniciasse sem um voto prévio. Neste caso, a *Bulé* perdia poderes. As votações eram de mão erguida (*cheirotonia*). O voto secreto só acontecia para questões muito sérias, como o ostracismo.

Os poderes da Assembleia eram quase ilimitados. Ela votava a paz e a guerra; designava os principais magistrados, votados ou sorteados. Era ela que dava o comando (*arché*) por um ano e era diante dela que se prestava contas da sua gestão. Inicialmente sua autoridade em matéria de justiça dizia respeito só aos processos de segurança da cidade (*eisangelia*) e de ilegalidade, *graphé paranomon*. Depois, esse poder estendeu-se também para acusações contra os *sicofantes*, aqueles que tinham violado a santidade de certas festas. A assembleia votava previamente sobre tudo e depois as ações eram apresentadas ao tribunal e era o tribunal que pronunciava a condenação definitiva.

Os limites da Assembleia diziam respeito às antigas leis (*nomoi*) da cidade e à terrível ameaça da inconstitucionalidade (*graphé paranómon*). Porém, na prática, a Assembleia podia promulgar decretos e esse poder tendia a tomar proporções desmedidas. Veremos como no século IV a Assembleia arrastou a cidade a uma política que determinou a crise da democracia.

Havia também a *Bulé* (conhecido como o Conselho dos Quinhentos durante a democracia), o único órgão representativo do povo (*demos*). Era um órgão deliberativo e executivo. A *Bulé* era composta por 500 *buleutas*, sorteados à razão de 50/1 tribo entre os candidatos. Não havia restrição censitária e seu trabalho foi remunerado sob Péricles. Podia-se ser *buleuta* apenas duas vezes na vida e os eleitos deviam consagrar um ano de sua vida ao serviço da cidade. Quando a tribo de um *buleuta* exercia o comando, durante 36 dias por ano, o *buleuta* devia consagrar-se totalmente à cidade. Fora isso, a *Bulé* se reunia frequentemente no *buletério*, no sul da *ágora*.

O ritual era composto por um sacrifício inaugural (*eisiteria*), no qual animais eram oferecidos ao *Zeus Bulaio* e a *Atena Bulaia*. Depois juravam fidelidade à constituição. As sessões eram públicas, mas os espectadores não podiam se pronunciar. (Houve apenas uma exceção em 403-402 a.C. que veremos posteriormente.)

O Conselho funcionava com sessões presididas pelos *prítanes* (50 *buleutas* da tribo que durante 1/10 do ano exerciam o comando da *pritania*). A ordem, pela qual as tribos se sucediam no comando, era sorteada e a duração de cada uma era de 36 a 39 dias conforme o ano. Eram os *prítanes* que convocavam a *Bulé*, indicando-lhe a ordem do dia e o lugar da reunião. Teoricamente os *prítanes* deviam, na sua gestão, dormir no *Tholos*, um local reservado somente para abrigá-los durante o mandato. Dos 500 *buleutas*, pelo menos 360, e mais nos anos intercalados, podiam presidir a uma sessão da *Bulé* ou da *Ecclesia*, guardar o selo do Estado, as chaves dos templos onde se encontravam os arquivos e o tesouro da cidade.

Os *prítanes* tinham muita responsabilidade. Convocavam a assembleia e o conselho em caso de urgência; recebiam os embaixadores e os arautos; recebiam as cartas oficiais; velavam pelos empréstimos. O *demos* concedia uma coroa à tribo que melhor tivesse desempenhado sua missão. A importância dos *prítanes* estava diretamente ligada à extensão dos poderes da *Bulé*, pois esta preparava os decretos da *Ecclesia* e estes começavam sempre assim: "quis a *Bulé* e o povo", o que mostra a partilha da soberania entre os dois corpos deliberativos.

Havia, em Atenas, comissões especiais que se ocupavam com questões mais específicas nas Assembleias. Dentre elas, podemos ressaltar a comissão *trieropoioi* (construções navais e arsenais), a de *logistas* (contas), a de *euthynes* (queixas contra magistrados), a de *hieropoioi* (sacrifícios) e a de secretários que examinavam os pedidos de direito de cidade.

As funções mais gerais da *Bulé* eram de controle sobre os magistrados; política estrangeira; tratados de paz e alianças; organização militar; finanças; festas públicas; e cuidado com os templos. O Conselho partilhava, com as outras magistraturas, a maioria das funções destas. Regularizava as contas de todos aqueles que tinham usado dinheiro público. Na história da democracia ateniense até 403, a *Bulé* podia proceder à prisão. Depois, ela se viu privada de uma parte de suas atribuições que foram dadas à *Ecclesia* e ao tribunal da *Heliaia*. A *Bulé* não era mais do que uma câmara de registro e devia sempre jurar pela defesa da democracia.

Derivado do antigo poder real, havia outros poderes conhecidos como *archai*. Delegados do povo soberano, os eleitos participavam dessa soberania. Havia restrições censitárias apenas para o *estratego;* para o *arcondato* e para o *polemarco*. Eles podiam ser escolhidos por eleição ou por sorteio, relacionados aos presságios. O sorteio era considerado mais democrático. Os arcontes, até o século V a.C., eram os principais magistrados da cidade (9 + 1 secretário) sorteados entre as duas classes censitárias. Eles tinham obrigações religiosas para com *Zeus, Atena, Dioniso e Deméter.*

Na história de Atenas, o polemarco perdeu suas funções militares desde que essas funções passaram, com a democracia, para os 10 estrategos. Ele presidia ainda certos sacrifícios e jogos funerários em honra dos mortos nas guerras. Ficavam no cargo apenas por um ano.

Os estrategos eram eleitos na 1ª classe censitária e controlavam, após as Guerras Médicas, toda a vida militar da cidade. Péricles foi estratego durante 15 anos. Eles eram obrigados a apresentar contas à cidade, mas podiam ser reeleitos. É importante salientar as diferenças entre os estrategos do século V e do século IV. No século IV, cada vez mais há uma especialização. Eles já não eram recrutados à razão de um por tribo, mas tomados indiferentemente entre os atenienses. Havia um estratego dos *hoplitas* que comandava o exército em campanha; um estratego do território, encarregado da defesa da Ática; dois estrategos do *Pireu*, um comandante da fortaleza de *Muníquia*, outro da Ática e que exerciam o controle sobre os arsenais; um estratego das Simoriais para controlar a divisão da *trierarquia* e a equipagem dos navios. Os cinco outros estrategos não recebiam atribuições determinadas e podiam ser utilizados ao acaso das circunstâncias.

Havia tribunais em Atenas, mas estes não indicavam, como em nossa época, uma separação entre os poderes executivo, legislativo e judiciário.

O Areópago era um tribunal composto pelos antigos arcontes. Até 462 ele tinha concentrado em si todo o poder judiciário. Mas, com a ascensão da democracia, ele foi despojado de grande parte de suas atribuições que foram entregues ao povo. No entanto, isso não implicava que o Areópago fosse o refúgio dos adversários da democracia. O próprio caráter do recrutamento dos arcontes e, por consequência, do Areópago preserva-lhe o caráter democrático.

A Helieia era um tribunal popular por excelência ao qual podia pertencer qualquer ateniense maior de 30 anos. Eram sorteados 6.000 juízes em razão de 600 por tribo. Eles deviam o juramento de respeitar a constituição e as leis; não sentenciar nem a abolição das dívidas, nem a partilha das terras, nem a chamarem os banidos de volta; nem a fazerem exílios injustos. Os *heliastas* eram repartidos por um sistema extremamente complicado para evitar fraudes e corrupção. Arranjava-se maneira de as 10 tribos terem uma representação igual em cada um dos tribunais. Os juízes eram remunerados (*misthós hekiastikós*).

A época arcaica foi a época da supressão do poder dos reis (monarquia) – em alguns casos, sua presença era apenas simbólica – pelo grupo de aristocratas (aristocracia). Esse grupo dos "melhores" (*aris-*

toi), espalhado pelo território grego continental, manteve seu equilíbrio de dominação por algum tempo. Os *aristoi* controlavam e partilhavam o poder nas assembleias, faziam as leis e se reconheciam por um estilo de vida comum.

Retomando o viés de nossa discussão, é preciso enfatizar que, apesar dos mistérios que envolvem a substituição da palavra instauradora de justiça dos reis pela palavra-diálogo das assembleias – ou seja, a própria formação da *pólis* –, a nova palavra jamais esteve disponível para todos os homens. De fato, o poder das famílias aristocráticas se sustentava na crença de que os *aristoi* eram os melhores porque descendiam dos heróis homéricos, deles preservando o mesmo sangue e as mesmas virtudes. Nas assembleias, como já vimos, aquele que falava ocupava um lugar central e esse lugar era neutro, porque equidistante de todos os que ouviam. O lugar central não podia ser monopólio de ninguém.

Enquanto permaneceu relativa a esse grupo social que se considerava formado pelos melhores e iguais entre si, essa palavra compartilhada não foi percebida como um problema. As cidades aristocráticas decidiam seu destino comum em assembleias formadas exclusivamente pelos proprietários de terra. Eles votavam suas leis, aclamavam e elegiam magistrados e perpetuavam sua tradição por meio de conselhos restritos e compostos por antigos magistrados ricos e idosos. Essas magistraturas (*pritania* e *arcondato*) eram, muitas vezes, hereditárias ou vitalícias nas cidades mais conservadoras. Em outras cidades elas podiam ser eleitas anualmente, mas de qualquer forma as famílias aristocráticas repartiam entre si as funções.

Contudo, à medida que novos grupos começaram a exigir a participação nas decisões da cidade, a aristocracia, cuja virtude guerreira já havia se deslocado para o esporte e para um estilo de vida elegante, teve que se modificar e encarnar-se na política.

Essa questão é motivo de controvérsias entre os estudiosos do mundo grego. Porém, há três fatores que são recorrentemente apontados como deflagradores da crise do século VII a.C. São eles: 1) o aumento da riqueza e das necessidades de consumo decorrentes da colonização do século VIII a.C. que impulsionou o comércio e permitiu a ascensão de novos homens ligados ao comércio e ao artesanato; 2) a lenta expansão da moeda que acelerou as importações de trigo das colônias e agravou a situação de alguns camponeses que não podiam pagar os impostos devidos aos aristocratas; 3) mudanças nas técnicas de combate, tanto por mar, com os navios trirremes, quanto por terra, com a formação dos *hoplitas*.

Assim, a expansão colonial, além de ser interpretada como uma solução para o aumento demográfico da época arcaica trouxe outros desafios que foram expressos em conflitos e movimentos por redistribuição de terras e pelo cancelamento das dívidas. É também neste sentido social que podemos interpretar o clamor de Hesíodo e as reformas de Sólon.

Para esclarecer melhor essa questão vale a pena conhecer a análise de Vidal-Naquet e M. Austin[60] sobre as reivindicações sociais da época arcaica. Para os autores, a emigração colonial foi uma das soluções que se ofereciam para resolver o problema do sobrepovoamento relativo da Grécia. Mas o que acontecia a todos os que não podiam partir ou que ficavam na sua terra? Para eles, a resposta varia segundo as regiões, ou, pelo menos, aqueles sobre os quais possuímos informações. Todavia, a tendência geral da época é clara, pois, com o desenvolvimento da *pólis*, é todo o sentimento comunitário que entra em jogo. A noção de cidadão implica o desenvolvimento de novas aspirações e de novas reivindicações. Para os autores, há um esforço legislador e a codificação de leis que muitas vezes surgem juntamente com a figura dos tiranos. As causas da tirania variam de local para local; mas quase sempre a tirania tem um caráter antiaristocrático: trata-se de eliminar as querelas das facções aristocráticas, de reprimir a rapacidade e a ostentação da aristocracia, de favorecer a ascensão na *pólis* das classes inferiores sobre as quais se apoia o tirano. Por outro lado, para os autores, os tiranos contribuem para desenvolver o sentimento cívico por meio da construção de templos, de edifícios

---

60 VIDAL-NAQUET, P. & AUSTIN, M. *Economia e sociedade na Grécia antiga*. Lisboa: Ed. 70, 1986.

cívicos, de promoção de festas religiosas, de cultos populares como o de Dioniso e a criação da moeda. Apesar de estar à margem da cidade, o seu poder é um poder de fato, que não pode inscrever-se de modo aceitável nas instituições cívicas, mas está profundamente vinculado aos interesses comunitários.

Após as tiranias do século VI a.C., que conduziram à ampliação do corpo político, vemos a maioria das cidades gregas, sobretudo Atenas, animarem-se de intensas discussões. O exercício do poder e a gestão dos negócios públicos tornaram-se a ocupação fundamental, a atividade mais nobre e apreciada do homem grego, a nova *areté*.

Neste momento podemos perceber as diferenças entre Esparta e Atenas e "dar vida" às instituições apresentadas. Antes, porém, é necessário situar didaticamente essas diferenças e, para tal, vamos ainda obedecer aos critérios de Vidal-Naquet e M. Austin. Em suma, o grau de desenvolvimento das cidades não pode basear-se somente nas suas formas constitucionais, mas em função de toda a vida social e econômica. Neste sentido, os próprios gregos se autodefiniam como "arcaicos" ou "modernos" segundo o grau de clareza com que se definiam as noções de cidadão (homem livre) e de escravo.

Nos estados arcaicos, como Esparta, as noções de cidadão e homem livre eram menos precisas, as categorias pouco definidas. Como eram também predominantemente rurais, o papel dos estrangeiros não era importante. A população espartana era composta por cidadãos de pleno direito; por homens livres, porém submetidos a Esparta (periecos) e os hilotas que pertenciam ao Estado.

Deste conjunto, só os pares (*homoioi*) eram cidadãos plenos. Eles partilhavam valores guerreiros, não podiam se dedicar a nenhum tipo de trabalho por isso, dependiam inteiramente dos periecos e dos hilotas. Tais cidadãos dedicavam-se integralmente ao Estado, para eles não havia os valores do *oikós*. As noções de família e casa não existiam. Em Esparta a antiga educação homérica foi perpetuada como militarização por meio de um rígido controle das relações sociais. No entanto, não era mais uma educação senhorial como na época homérica. Baseava-se agora no choque de duas linhas de infantaria em ordem cerrada. Essa reforma hoplita, que também aconteceu em Atenas e em outras cidades, segundo Werner Jaeger, teve profundas consequências morais e sociais: ao ideal, no fundo tão pessoal, que era o do cavalheiro homérico, segue-se o ideal coletivo da *pólis,* do devotamento ao Estado, o qual se torna o quadro fundamental da vida humana em que se desdobra e se realiza toda a atividade espiritual. Em Esparta, ao contrário de Atenas, esse ideal torna-se totalitário, a separação entre *oikós* e política não existe. A *pólis* é tudo, é ela que os faz ser homens. Daí vem o profundo sentimento de solidariedade que une todos os cidadãos e o ardor com que se empenham na salvação da pátria coletiva. Em Esparta, o objetivo era formar uma cidade inteira de heróis.

Os periecos formavam comunidades independentes que viviam na Lacônia e na Messênia (territórios de Esparta). Eles eram proprietários de suas terras, mas estavam subordinados a Esparta no tocante à guerra e à política exterior. Mesmo sem voz, eles faziam parte do Estado Lacedemônio como cidadãos de segunda categoria. Não eram obrigados à ética aristocrática. Os hilotas eram grupos homogêneos, tinham nomes coletivos e eram utilizados na guerra.

A partir do século VI a.C., de acordo com Jaeger, Esparta se fecha numa casta de guerreiros mobilizados inteiramente pela defesa nacional, política e social. A educação torna-se adestramento dos hoplitas. As mulheres ocupam um importante lugar na cidade, mas somente enquanto reprodutoras de crianças sadias. Há uma política de eugenia com a apresentação das crianças recém-nascidas diante de um conselho de anciãos, que devia selecionar as que estavam aptas para viver, as outras eram sacrificadas.

Os jovens espartacitas deviam aprender a resistir à dor e as moças deviam praticar ginástica e esportes para garantir filhos saudáveis e vigorosos. O acasalamento era, assim, submetido ao ideal da raça.

Já em Atenas não havia essa total absorção da vida pelo Estado e as separações entre cidadãos e não cidadãos eram muito claras. Eram cidadãos todos os homens nascidos em Atenas. Não havia nenhum ateniense homem excluído da cidadania. Estavam fora dela as mulheres, os escravos e os *metecos*, como já sinalizamos.

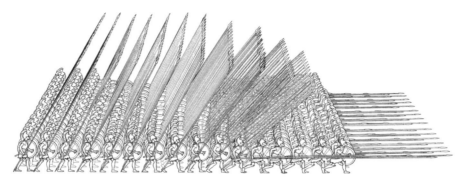

Ilustração 14 Formação coletiva de combate na *pólis* clássica
Fonte: LEVI, P. *Grécia, berço do Ocidente*. Vol. II. Madri: Del Prado, 1996, p. 134-135 [Coleção Grandes Impérios e Civilizações].

Ilustração 15 Capacetes gregos
Fonte: LEVI, P. *Grécia, berço do Ocidente*. Vol. II. Madri: Del Prado, 1996, p. 135 [Coleção Grandes Impérios e Civilizações].

Para a compreensão do caminho escolhido para nossa reflexão sobre a palavra política e suas configurações precisamos lembrar as censuras de Hesíodo aos senhores venais que, na sua função judicial, não respeitavam o direito. De acordo com o poema anteriormente mencionado, esses senhores atentavam contra o equilíbrio que devia existir entre ordem moral e ordem natural. Ainda que seja impossível constatar a evidência de tal demanda na sociedade, acreditamos que o poema sinaliza aspectos importantes da crise da época arcaica.

Quando o poema de Hesíodo aponta para as relações entre ordem moral e natural, ele estabelece ligações de causalidade entre determinados fenômenos humanos e as ações dos homens. Aqui, o poeta já não aparece como servidor da soberania real, nem como servidor das façanhas heroicas de uma aristocracia capaz de domínio sobre os outros mortais.

Apesar da inexistência de um consenso, entre os estudiosos, a respeito da correspondência histórica do poema de Hesíodo, optamos pela possibilidade de articulação entre o seu canto de lutas e denúncias com o desenvolvimento de uma certa autonomia da reflexão política que, de fato, torna-se historicamente evidente somente no século VI a.C. com os sofistas e a filosofia racional.

A autonomia da reflexão política com relação à ordem divina, e sua inscrição nas normas estabelecidas pela *Diké*, aparecem em Atenas com mais clareza, onde se confrontavam os tradicionais proprietários de terras agrícolas, os "novos" ricos e a massa de camponeses cada vez mais endividados. A demanda dos "novos" ricos era como já mencionamos, pela participação nas decisões da política. Já os camponeses, cada vez mais submetidos aos poderes da aristocracia, queriam a abolição das dívidas e a redistribuição de terras. Neste caso, escolhemos Sólon, que pode ser identificado como um dos sábios que levou adiante esse clamor de justiça de ambos os grupos.

Quando Sólon foi eleito *arconte* em 594 a.C., o corpo social ateniense estava à beira de uma ruptura, na medida em que os partidos da aristocracia não chegavam a um acordo. Conhecedor do preço do equilíbrio e do justo compromisso, Sólon estabeleceu reformas econômicas e políticas importantes. Criou a *Ecclésia* – assembleia aberta a todos; o *Helieu* – tribunal popular; e a *Bulé* – um conselho de 400 homens, 100 homens por tribo. Os cidadãos eram repartidos em quatro classes censitárias (um traço conservador): a 1ª e a 2ª eram compostas pelos *pentacosimedimnas* e pelos *hippei*; a 3ª pelos *zeugitas* (conjunto de camponeses de condição média capazes de se armarem); e a 4ª pelos *tetas* e *demiurgos* (massa pobre de camponeses e artesãos). A classe superior era a única admitida no *Arcontado* e estava sujeita a pesados encargos sociais e militares destinados à *pólis*. Apesar de conservadoras, as reformas de Sólon abriam caminho para que a renda mobiliária contasse para o censo. Neste sentido, suas reformas permitiram que os "homens novos" também compusessem as primeiras classes e participassem dos altos cargos políticos.

Apesar de não interferir nos direitos dos proprietários, Sólon aboliu as dívidas existentes (*seischateia*) e proibiu empréstimos que tivessem como garantia a pessoa. A partir daí os credores não podiam mais prender os devedores. Sólon também trouxe de volta a Atenas todos aqueles que tinham sido vendidos como escravos. Do ponto de vista político, o *Areópago* foi mantido, mas o critério censitário de participação nos altos cargos permitiu o ingresso dos "novos" ricos nas decisões da cidade.

O significado fundamental de *Diké* estava no sentido de "dar a cada um o que lhe era devido", ou seja, era o cumprimento da justiça. Por outro lado, numa acepção mais ampla, possuía também o sentido de igualdade. Havia uma ideia popular de que se devia pagar igual com igual, devolver exatamente o que se recebeu e dar compensação equivalente ao prejuízo causado. Assim, ao longo do tempo, a *Diké* constituiu-se em plataforma da vida pública, perante a qual seriam considerados "iguais" grandes e pequenos. Desde que se julgou ter na lei escrita, o critério infalível do justo e do injusto, a *areté* cívica passou a estar referida à *dikaiosyne*. No entanto, para Sólon, não bastavam leis justas e sua simples obediência. Era preciso um entendimento, uma compreensão a respeito da justiça para que *Diké* e *nomos* não ficassem desmoralizados pela farsa das aparências.

Percebemos, então, que a justiça, essa alta medida, dependeria do exercício da cidadania referido ao juízo social da *pólis*, ou seja, os cidadãos deveriam estar atentos aos outros cidadãos na esfera política.

Mas quem eram esses cidadãos?

A resposta a essa pergunta nos leva a relatar, de modo muito sucinto, o percurso de Atenas em direção à democracia. Desde o século VII a realidade ateniense apresentava disputas entre os principais chefes dos *gene* pelo controle do *Areópago*. Imagina-se que havia a dominação de uma aristocracia que detinha a *arké* e subjugava uma "massa" de homens econômica e socialmente dependente dela. Esses homens explorados perdiam seus bens e sua liberdade.

O primeiro episódio acontece quando Cílon, um jovem que vencera as olimpíadas e era genro do tirano de Mégara, toma o controle do *Areópago*. O então arconte de Atenas, Mégacles, chamou os cidadãos armados para invadirem a *Acrópole*. Após a luta, Cílon e seus amigos foram condenados à morte. Porém essas mortes *em um lugar sagrado* levavam à maldição sobre todo o *genos* de Mégacles. Assim, Atenas ficava desprotegida e amaldiçoada pelas vinganças aristocráticas que regiam o direito dos *gene*.

Houve esforços para contrabalançar o poder do *Areópago* e minimizar a crise de Atenas. Entre os esforços destacamos os de Dracon, que arma um poder judiciário a partir de leis escritas e severas, para suprimir o arbítrio dos poderosos e dar aos atenienses uma existência legal; e os esforços de Sólon acima apontados. De fato, por mais restritas que tenham sido as reformas de Sólon no sentido de conceder um poder às camadas pobres de Atenas, elas incorporaram a noção de uma justiça possível, ou seja, a substituição dos antigos direitos dos *gene* por uma lei observada por todos e capaz de pôr fim às vinganças privadas que dividiam as famílias aristocráticas.

Entretanto, após as reformas de Sólon, as lutas entre clãs reapareceram e deram lugar ao período da tirania de Psístrato (*arconte*). Nessa época houve a aceleração das transformações econômicas já apontadas: a expansão da agricultura arbustiva; o aumento da necessidade de um abastecimento regular de trigo e o desenvolvimento da cerâmica. Psístrato entrou para a história grega como um tirano que se empenhou em financiar os camponeses para minimizar a miséria e mantê-los afastados dos negócios da política. Cobrava o dízimo sobre as colheitas, mas vendia os cereais a baixo preço. Também orientou os negócios de Atenas para o Mar Egeu; estimulou os cultos religiosos – em torno de Atená e Dioniso – que pudessem unir todos os atenienses. Voltou-se para a cidade com a organização de festas cívicas, ocupou artesãos e pedreiros com a construção de aquedutos e obras de arte. No entanto, era preciso que as vantagens trazidas pelas reformas também se dessem no plano político. Para alguns historiadores, Psístrato foi um tirano que sublevou as massas camponesas contra a aristocracia tradicional e contra os novos ricos.

Quando Psístrato morreu, em 528/27 a.C., seus filhos não souberam governar. Inclusive o filho de Mégacles, Clístenes, foi proibido de voltar a Atenas em função da antiga luta entre os clãs de Mégacles e Cílon.

Em suma, somente no ano de 510 a tirania terminou em Atenas com a ajuda do exército espartano convocado pelos aristocratas atenienses. Porém, enquanto o exército de Esparta acampava nos arredores de Atenas, recrudesciam as disputas aristocráticas entre Clístenes (do clã de Mégacles) e Iságoras (filho de um amigo do rei de Esparta, Cleômens). Em 508, Iságoras foi eleito para o arcontado, mas Clístenes conclamou o povo para destituí-lo. Com Clístenes inicia-se a experiência da democracia ateniense[61].

Havia, assim, uma pressão considerável pela participação política, mas tal dedicação, como vimos, exigia certo abandono dos interesses pessoais. A construção dos laços políticos após a crise da época arcaica, se em alguns casos passou pela tirania, esta jamais se impôs como

---

61 Para aprofundar a reflexão sobre a construção da democracia sugerimos os seguintes trabalhos: FINLEY, M.I. *Democracia antiga e moderna*. Rio de Janeiro: Graal, 1988. • MOSSÉ, C. *Atenas*: a história de uma democracia. Brasília: UnB, 1982.

uma solução durável para as cidades. Pelo contrário, e esta é a particularidade do mundo grego como um todo, o poder sempre permaneceu compartilhado no interior das cidades, mas, sobretudo, entre elas. A estreiteza do mundo grego com suas pequenas cidades é o resultado e a causa desta situação política. Nem a tradicional, nem as novas "classes" podiam se impor e ordenar o mundo da *pólis*. Havia uma crença muito forte sobre o que era justo e o injusto e os gregos jamais aceitariam o poder de um só homem, a monarquia. É neste contexto que se forma um pensamento político independente que não estava ligado a nenhuma tendência particular. Diante do arbítrio dos dominantes, quase impossível de conter, diante da agitação dos dominados, a ideia da partilha abriu caminho. Era preciso contemplar as camadas médias dos homens novos com a possibilidade institucional de se oporem contra os abusos dos nobres. Só assim a *pólis* podia ser equilibrada e somente neste sentido podemos compreender o papel dos tiranos.

Com o alargamento da participação política as desigualdades apareceram e o pensamento político se viu obrigado a estabelecer novos critérios de valor que permitissem distinguir claramente o justo do injusto. Entre a desigualdade de fato e a igualdade potencialmente inscrita no pertencimento ao corpo cívico, a tensão tornava-se virulenta. Quando a preponderância dos nobres era colocada em dúvida, a ideia de igualdade ganhava força. Era assim que a isonomia tornava-se uma palavra de ordem e uma força de mobilização. Apenas na política os inferiores se igualavam aos aristocratas. Na política não importavam nem a riqueza, nem a cultura. Mas neste estado de coisas o papel das camadas médias foi fundamental, só elas podiam garantir a isonomia.

É importante reafirmar que os problemas acarretados pelas novas condições econômicas foram interpretados pelos gregos – sobretudo por meio das narrativas de Hesíodo e Sólon – como um golpe contra a própria ordem do mundo. Segundo Vernant, a compreensão da crise como um estado de erro e de impureza é significativa para as discussões no plano religioso e moral de todo sistema de valores que orientavam os gregos. Houve, de fato, consequências da crise no domínio do direito, no da vida social e no plano intelectual que contribuíram para uma nova ética.

Como as cidades gregas eram pequenas, do tamanho do olhar, era possível um sentimento concreto de pertencimento. As subdivisões das instituições políticas eram o principal nível em que se estabeleciam as relações comuns e recíprocas (política) para além do *oikós*. No que diz respeito à religião, ela era, em grande medida, um negócio da cidade: as subdivisões do corpo cívico eram elas mesmas comunidades cultuais, pois pertenciam ao corpo cívico e por isso tinham uma importância excepcional. Esta excepcionalidade também era marcada pela nítida separação do estatuto de cidadão diante dos estrangeiros, escravos e mulheres.

A sociedade tinha também um caráter agrário. O cidadão devia ser proprietário de terras e ser guerreiro, saber dar bons conselhos, ser eloquente, belo e praticar certos esportes, mas tudo isso era um ideal muito estreito e ignorava o pluralismo que o alargamento político estabelecia. Aqui também estava a causa da não especialização entre as funções políticas dos cidadãos. A especialização estava associada a distinções incompatíveis com o ideal da *pólis* democrática. O ideal era um corpo cívico masculino fechado em si mesmo e homogêneo.

Em suma, a crise econômica revestia-se de uma efervescência religiosa e social que, nos quadros da cidade, levou ao nascimento de uma reflexão moral e política, de caráter laico, que encarava de maneira puramente positiva os problemas da ordem e da desordem no mundo dos homens. A ostentação da riqueza tornou-se, desde então, um dos elementos de prestígio dos *gene* aristocráticos. No entanto, essa novidade foi percebida como fermento de dissociação e divisão do cosmos.

É preciso reforçar, como vimos, que a associação entre nobreza e riqueza levava à sujeição a maior parte do *demos*. A especificidade grega, segundo Vernant, foi o tipo de reação que essas transformações suscitaram no grupo humano: sua recusa a uma situação sentida e denunciada como um estado de *anomia*[62] e a necessidade de uma luta contra a *hybris*, contra a violência, contra a arbitrariedade e a injustiça.

---

62 Ausência de leis, de normas ou de regras de organização.

Também Clístenes teve como objetivo restringir a *dynamis* dos clãs aristocráticos, submetendo-os a uma regra geral que se aplicasse igualmente a todos. Essa norma superior, como vimos, era a *Diké*.

Segundo Vernant, o mago invocava a *Diké* como um poder divino. O *nomoteta* promulgava essa norma superior em suas leis e mesmo os tiranos inspiravam-se nela, ainda que de forma deturpada, ao impô-la pela violência. Era essa norma que estabelecia a necessidade de um justo equilíbrio a garantir a *eunomia*, a divisão equitativa dos cargos, das honras, do poder entre os indivíduos e entre as facções que compunham o corpo social. Por outro lado, a existência dessa norma afastava as vinganças entre os clãs na medida em que comprometia toda a coletividade. O assassinato deixava de ser uma questão privada, um ajuste de contas entre os *gene,* e passava a ser reprimido no quadro da cidade. Era visto como fonte de impureza. Assim, um dano causado a um indivíduo particular era, na realidade, um atentado contra todos e qualquer um podia acusar e punir a *adikia* sem ser pessoalmente sua vítima. Passava-se, então, à repressão judiciária do crime. O juiz representava o corpo cívico, a comunidade em seu conjunto; ele próprio, ao encarnar esta norma impessoal e a todos superior, podia resolver as questões de acordo com a lei. Ele devia trazer à luz uma verdade em função da qual teria que se pronunciar. Pedia às testemunhas não mais um juramento, e sim um relato dos fatos. A atividade judiciária contribuía, assim, para a elaboração de uma verdade objetiva.

Essa justa medida, exigida pela *Diké*, baseava-se nos princípios da *isonomia* e não nos da *pleonexia.* Estava associada também ao conceito de *sophrosyne*, cujo sentido Vernant percorre até chegar à ideia de domínio de si. Haveria nos homens, segundo o autor, o combate (*agon*) de dois elementos opostos e situados em planos diferentes: as paixões de ordem afetiva (*thymós*) e a prudência refletida. Neste caso, a parte afetiva devia ser obediente, pois se ficasse sem domínio entregaria a alma à desordem e à loucura. Apesar desse conceito ter sido originado nos meios religiosos, no mundo grego ele adquiriu uma virtude social e uma função política. Vernant identifica essa relação quando

93

considera o diagnóstico grego dos males sociais, de que sofriam as coletividades, como originados da incontinência dos ricos. Os ricos tudo queriam (desejo desmedido, *hybris*) e os pobres reconheciam os ricos como melhores (*aristoi*).

Para o mesmo autor, os gregos entendiam que, na alma humana, assim como nas cidades, era pela força da *Pistis* que os elementos inferiores se deixavam persuadir de que deveriam obedecer aos que tinham o encargo de comandar. De um ponto de vista mais subjetivo, *Pistis* também remetia à confiança que os cidadãos sentiam entre si, ou seja, a concórdia social.

Para Vernant[63], para além das seitas religiosas, havia nesta questão da justa medida uma significação moral e política muito precisas. *Sophrosyne* se mostrava de uma forma não mais religiosa, e sim positiva.

Do ponto de vista político precisamos compreender as realidades concretas que recobriam esses ideais de equilíbrio, de justa medida, de confiança, de igualdade perante as leis e igual participação nos cargos públicos.

Mas onde se encontrava a igualdade?

Aqui temos que enfatizar novamente as diferenças entre os gregos e nós. A ideia da amizade como fundamento das relações cívicas vinha da crença de que "o igual não poderia engendrar a guerra". Sob tal aspecto podemos recordar todo o sistema de dádiva e contradádiva que equilibrava e desequilibrava as relações entre os heróis homéricos. Já no tocante ao mundo citadino, essa igualdade dizia respeito ao fato de que, diante da lei, todos eram iguais. A lei também garantia o direito de todos os cidadãos de participarem dos tribunais e assembleias. Por outro lado, mas no mesmo sentido, podemos acrescentar o surgimento da moeda como um esforço de medida equitativa que se colocava contra a imagem de uma riqueza feita de desmedida (*hybris*). A moeda, linguagem comum, igualava os intercâmbios como relação social. No entanto, havia pelo menos duas interpretações distintas no que se refere a esse ideal de equidade.

---

63 VERNANT, J.P. *As origens do pensamento grego.* São Paulo: Bertrand Brasil, 1998.

De um lado estava a corrente aristocrática que via a cidade como um *cosmos* feito de diversas partes, mantidas pela lei, numa ordem hierárquica. Aqui a *homonoia* se dava proporcionalmente como um acorde musical (2/1, 3/2, 4/3 etc.). A justificativa para tal acorde era a necessidade de assegurar a preponderância do melhor sobre o pior. A virtude aqui estava na harmonia das partes. Dizia o sábio Arquitas, citado em Vernant, que "uma vez descoberto o cálculo raciocinado, não há mais pleonexia e a isotes se realiza; graças a isso os pobres recebem dos poderosos, e os ricos dão aos necessitados, pois têm uns e outros a *pistis* de que terão por esse meio a *isotes*, a igualdade". Havia aqui, segundo Vernant, um vínculo contratual, e não mais um estatuto de domínio e submissão. Na corrente aristocrática, a *eunomia* – a equidade – seria conseguida graças a uma conversão moral, a uma transformação psicológica da elite. Haveria uma educação para que se impedisse a desmedida dos desejos. Assim, as classes baixas seriam mantidas na posição inferior que lhes convinha, sem sofrer, entretanto, nenhuma injustiça. A igualdade realizada seria proporcional ao mérito.

Já a corrente democrática definia todos os cidadãos como iguais. A única justa medida suscetível de harmonizar as relações entre os cidadãos era a igualdade plena e total. Nesta corrente não havia escalas proporcionais ao mérito para a ocupação dos cargos públicos. Tratava-se de unificar as partes da cidade por mistura e por fusão para que nada as distinguisse mais no plano político.

Esse ideal de igualdade assumiu diversos graus intermediários antes de se chegar à democracia, onde a *Diké* se converte em plataforma da vida política, perante a qual todos são considerados "iguais", os grandes e pequenos.

Em muitos momentos, segundo Jaeger, até os nobres se viram constrangidos a procurar amparo na *Diké*. Neste sentido, a *dikaiosyne* aproximava-se da *sophrosyne* como propriedade pela qual os homens podiam evitar as transgressões que colocavam em risco a própria cidade. Assim, a justa medida tornou-se a *areté* por excelência desde que se julgou ter na lei escrita o critério infalível do justo e do injusto.

No caso de Esparta, como vimos, esse ideal foi aceito pelo Estado e elevado totalmente à categoria de virtude cívica geral. O Estado, ali, absorvia completamente a vida do cidadão. Já no modelo ateniense, no qual o Estado nascera de graves lutas, essa norma não valia como a única e universal realização do homem. Neste sentido compreende-se a *agogé* espartana como um caráter social baseado na *sophrosyne*. Ao jovem espartano era imposto um comportamento marcado pelo comedimento e regulamentado no sentido da adequação com relação às circunstâncias.

Considerado por muitos historiadores o pai da democracia, Clístenes atacou o princípio do mérito aristocrático que Sólon deixara intocado e redividiu o território de Atenas, de modo a misturar as antigas divisões das tribos. Dessa forma, ele substituiu as quatro antigas tribos de Sólon por 10 novas que congregavam os habitantes das três partes do território ateniense (litoral, planície e montanhas). Com isso ele solapava a base de poder da aristocracia, pois cada uma das tritias congregava um número variável de *dêmes,* que eram a menor divisão territorial. A partir daí, cada tribo devia organizar o recrutamento dos magistrados (nove arcontes e um secretário). O recrutamento da *Bulé* foi elevado para 500 membros e o recrutamento do exército passou a ser formado por 10 corpos de hoplitas e 10 esquadrões de cavalaria. As reformas de Clístenes, de fato, possibilitaram a participação política de todos os cidadãos atenienses nos destinos da cidade.

O corpo da cidade como corpo do cidadão

A partir da concretude espacial da cidade grega analisada por Leonardo Benevolo[64] em seu livro *História da cidade*. Ele aponta esse novo caráter da convivência civil salientando quatro aspectos: 1) A cidade é um todo único, onde não existem zonas fechadas e independentes. As casas de moradia são todas do mesmo tipo; diferem apenas quanto ao tamanho e se distribuem livremente no espaço. Não há bairros

---

64 BENEVOLO, L. *História da cidade*. São Paulo: Perspectiva, 2003.

reservados; pobres e ricos se misturam. A *ágora* e o teatro são áreas onde a população pode reunir-se e reconhecer-se como uma comunidade orgânica. 2) O espaço cívico se divide em três zonas: as áreas privadas ocupadas pelas casas de moradia; as áreas sagradas, com os templos dos deuses; e as áreas públicas, destinadas às reuniões políticas, ao comércio, ao teatro, aos jogos esportivos etc. O Estado, que personifica os interesses gerais da comunidade, administra diretamente as áreas públicas, e intervém nas áreas sagradas e nas particulares. As diferenças de função entre estes três tipos de áreas predominam nitidamente sobre qualquer outra diferença. No panorama da cidade, os templos sobressaem pela qualidade. Eles ocupam uma posição especial, afastada dos outros edifícios, e seguem modelos simples e rigorosos (a ordem dórica, a ordem jônica) que são aprimorados em sucessivas repetições. Esse sistema propositadamente simples devia impedir o controle sobre a forma. Construções mais elaboradas, com arcos, são reservadas aos edifícios menos importantes. 3) A cidade, no seu conjunto, forma um organismo artificial inserido no ambiente natural, e ligado a este ambiente por uma relação delicada; respeita as linhas gerais da paisagem natural, interpreta-a e integra-a às construções em pedra. A regularidade dos templos (que têm uma planta perfeitamente simétrica, e têm um acabamento igual de todos os lados devido à sucessão das colunas) é quase sempre compensada pela irregularidade dos arranjos circundantes. A medida deste equilíbrio entre natureza e arte dava a cada cidade grega um caráter individual e reconhecível. 4) O organismo da cidade se desenvolve no tempo, mas alcança, de certo momento em diante, uma disposição estável, que é preferível não perturbar com modificações. O crescimento da população não produz uma ampliação gradativa, mas a fundação de uma outra cidade equivalente ou, então, a fundação de uma colônia.

Justamente por estes quatro caracteres, segundo Benevolo – a unidade, a articulação, o equilíbrio com a natureza e o limite de crescimento –, a cidade grega passou a valer como modelo universal na tradição ocidental. Ela dava à ideia da convivência humana uma fisionomia precisa e duradoura no tempo.

Por outro lado, há uma integração entre o corpo da cidade e o do cidadão se entendermos que essas construções são uma forma de partilha do sensível. Nascida a partir de uma colina, que serve de ponto de defesa e observação, a cidade grega se expande pelas planícies. Na cidade alta (*acrópole*) ficam os templos dos deuses, e na cidade baixa (*asty*) desenvolvem-se as relações civis; mas ambas as partes jamais podem ser separadas, ainda que seu regime político seja variado.

A vida do cidadão perpassa três órgãos necessários ao funcionamento da cidade. De acordo com Benévolo, são eles: 1) o lar comum, consagrado ao deus protetor da cidade, onde se oferecem os sacrifícios, realizam-se os banquetes rituais e se recebem os hóspedes. 2) O conselho (*bulé*) dos nobres ou a assembleia dos cidadãos, que mandam seus representantes ao *pritaneu*. Ele se reúne numa sala coberta, chamada *buleutério*. 3) A assembleia dos cidadãos que se reúne para ouvir das decisões dos chefes ou para deliberar. O local de reunião é tanto a praça do mercado quanto um lugar ao ar livre expressamente apresentado para tal (em Atenas, a colina Pnice).

Cada cidade domina um território relativamente grande, do qual retira seus meios de vida. Aqui, de acordo com Benevolo, podem existir centros habitados menores, que mantêm uma certa autonomia e suas próprias assembleias, mas um único *pritaneu* e um único *buleutérion* na cidade capital. O território é limitado pelas montanhas, e compreende quase sempre um porto (a certa distância da cidade, porque esta geralmente se encontra longe da costa, para não ficar exposta).

Os cidadãos precisavam ter, ao lado da habilidade profissional e da vida privada, uma virtude cívica pela qual se punham em relações de cooperação e inteligência com outros cidadãos no espaço vital da *pólis*. Essa exigência de uma aptidão geral para a política, que na cidade arcaica tradicionalmente pertencia somente aos nobres, na experiência da democracia ateniense era exigida de todos os cidadãos. Todos os homens atenienses reconhecidos cidadãos deviam dedicar-se aos negócios da cidade, fazer política.

Neste caso, torna-se evidente que a nova política não podia estar vinculada ao conceito de trabalho e educação, tal qual Hesíodo apresentara. Os cidadãos não podiam ter no trabalho o fundamento da cidadania. A dedicação à política, exigida pela democracia, apontava para as dificuldades entre a sobrevivência na vida privada e a participação na vida pública.

Vimos que a exigência do princípio da *isonomia,* e não o da *pleonexia,* conduzia as leis na natureza e também as leis da vida política, significando que, na época clássica, a nova experiência política da lei e do direito estava no centro de todo o pensamento e constituía o fundamento da existência, era a fonte genuína de toda a crença relativa ao sentido do mundo.

Na medida em que o Estado dá ao homem, ao lado da vida privada, uma espécie de segunda existência, o *bios* político, todos os cidadãos pertencem a duas ordens de existência. Na vida do cidadão há, então, uma distinção rigorosa entre o que lhe é próprio e o que é comum a todos os cidadãos.

Para Christian Meier[65], a grande novidade foi a exigência de uma aptidão "geral", que tradicionalmente pertencia só aos nobres. O novo Estado não podia esquecer esta *areté* se compreendia corretamente os seus próprios interesses. Bastava-lhe evitar a sua exploração em proveito do interesse pessoal e da injustiça. Era este o ideal de Péricles e Tucídides, e tanto na livre Jônia como na severa Esparta a formação política encontrava-se intimamente ligada à antiga educação aristocrática, isto é, ao ideal da *areté* que abarca o homem inteiro com todas as suas faculdades.

Ainda que as reflexões de Aristóteles e Platão digam respeito a uma descrença com relação ao regime democrático, vale a pena entender as dificuldades criadas pela exigência de participação política. Para tal, voltamos ao argumento de Jacques Rancière.

> Uma partilha do sensível fixa, ao mesmo tempo, um *comum* partilhado e partes exclusivas. Essa repartição das partes e dos lugares se funda numa partilha de espaços, tempos e tipos de atividade que determina propriamente a maneira

---

65 MEIER, C. *Política e graça.* Brasília: UnB, 1997.

> como um *comum* se presta à participação e como uns e outros tomam parte nessa partilha. O cidadão, diz Aristóteles, é quem *toma parte* no fato de governar e ser governado. Mas uma outra forma de partilha precede esse tomar parte: aquela que determina os que tomam parte. O animal falante, diz Aristóteles, é um animal político. Mas o escravo, se compreende a linguagem, não a "possui". Os artesãos, diz Platão, não podem participar das coisas comuns porque eles *não têm tempo* para se dedicar a outra coisa que não seja o seu trabalho. Eles não podem estar em *outro lugar* porque o *trabalho não espera*. [...] Assim, ter esta ou aquela "ocupação" define competências ou incompetências para o comum[66].

Segundo Christian Meier, a ampliação do corpo político pela democracia não deixou totalmente de lado os direitos da moral do trabalho de Hesíodo; mas o ideal do cidadão, como tal, permaneceu o que Fênix já ensinara a Aquiles: estar apto a proferir belas palavras e a realizar ações. Os novos dirigentes deviam atingir este ideal, e até os indivíduos da grande massa deviam participar, em certa medida, no pensamento desta nova dimensão da *areté.*

O ideal de dizer belas palavras e realizar ações está associado àquilo que Richard Sennett[67], em seu livro *Carne e pedra,* desenvolve a partir do corpo como referência na expressão da arquitetura, no urbanismo e na vida cotidiana. Para ele, hoje em dia, há uma desconexão entre o corpo dos homens e o espaço. Dentre os fatores responsáveis por isso, estaria a velocidade dos meios de comunicação; a velocidade impediria a atenção ao que está ao redor. O objetivo de libertar o corpo dos limites espaciais associa-se ao medo do contato. Para o autor, hoje em dia, ordem significa falta de contato; há uma diferença imensa entre o passado e o tempo presente, pois a plenitude dos sentidos e a atividade do corpo foram de tal forma erodidas que a sociedade atual aparece como um fenômeno histórico sem precedentes.

---

66 RANCIÈRE, J. *A partilha do sensível*: estética e política. São Paulo: Ed. 34, 2005, p. 15-16.

67 SENNETT, R. *Carne e pedra.* Rio de Janeiro: Record, 1997.

Para um maior aprofundamento, vamos apresentar parte da reflexão de Sennett sobre a Grécia clássica, onde ele encontra uma compatibilidade entre as palavras e as ações. Para os gregos da época clássica, o conceito de civilização associava-se à nudez. A nudez significava um povo inteiramente à vontade na sua cidade, exposto e feliz; ao contrário dos *bárbaros*, que vagavam sem objetivo e sem a proteção da pedra das construções da cidade. Para os gregos, a fisiologia humana justificava a posição dos corpos na *pólis*. O calor do corpo era a chave de tal fisiologia e explicava por que os seres capazes de absorver o calor e manter o equilíbrio térmico não precisavam de roupas. Este era o caso dos cidadãos, os homens atenienses, cujo exercício da cidadania ativava o calor. O uso da linguagem refletia o calor. Ouvir, falar e ler eram atividades que produziam uma maior temperatura e, consequentemente, uma maior vontade de agir. As palavras e as ações estavam, assim, unidas. Palavras quentes e calor da discussão não eram metáforas. A solidão, sim, produzia frieza.

A mesma fisiologia explicava e justificava a desigualdade dos direitos e da ocupação dos espaços dos outros habitantes da cidade que não eram cidadãos. As mulheres possuíam corpos frios e passivos, a menstruação era um sangue frio. O esperma era quente. Os homens eram o resultado de fetos bem-aquecidos; eles eram quentes e dotados de movimento e geração.

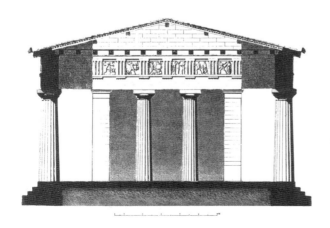

Ilustração 16 Templo de Zeus em Olímpia

Fonte: JARDÉ, A. *A Grécia antiga e a vida grega.* São Paulo: EPU/Edusp, 1997, p. 97.

É importante sinalizar, no trabalho de Sennett, que não havia uma distinção entre macho e fêmea pela espécie, e sim por graus. O corpo masculino era o resultado de fetos bem-aquecidos e o feminino, de fetos mal-aquecidos. Quando precariamente aquecidos, os fetos masculinos geravam homens afeminados; e os fetos femininos, quando excessivamente aquecidos, geravam mulheres masculinizadas.

Por outro lado, mas no mesmo sentido, os escravos esfriavam devido às duras condições de vida, e por isso iam ficando lentos de raciocínio e incapazes de se expressar. Só os cidadãos, no exercício da política, mantinham uma natureza adequada ao debate e à argumentação.

O teatro trágico como necessidade da democracia e as guerras

A construção da cidade, independentemente de seu regime, foi um gesto de justiça contra o exagero dos poderes tradicionais, tanto dos reis quanto dos aristocratas. A lei escrita e publicizada na constituição (*politeia*) devia garantir, doravante, a ordem justa entre os homens.

Com a construção democrática, a ordem de fato, dos poderosos, foi substituída por uma ordem do direito (*Diké*) que limitava os privilégios qualitativos da aristocracia e ampliava, de modo significativo, a participação popular. As famílias poderosas não mais se interpunham entre o indivíduo e o Estado. A *isonomia* e a *isegoria* garantiam o lugar central do comando.

Ilustração 17 Duas máscaras trágicas e duas cômicas do teatro grego
Fonte: *Revista Biblioteca Entrelivros Grécia*, ed. esp., n. 1, p. 37.

Quando o novo estado jurídico apareceu, a virtude dos cidadãos consistiu na livre submissão de todos, sem distinção de dignidade ou de sangue, à nova autoridade da lei. Para esta concepção de virtude política, o *ethos* era muito mais importante que o *lógos*. Neste sentido, tinham muito maior importância a fidelidade e a disciplina do que a questão de saber até que ponto, o homem comum, estava apto a compreender os assuntos e fins do Estado.

Para Christian Meier[68], na cidade grega antiga, todos os cidadãos pertenciam a duas ordens de existência: a vida coletiva e a vida particular. Havia, deste modo, uma rigorosa distinção entre aquilo que era próprio ao cidadão (a vida privada) e aquilo que era comum a todos (a vida política). Com a incorporação de vastas camadas populares na política, foi preciso um processo de aprendizagem que consolidasse um sistema de responsabilidade coletiva garantido mutuamente por todos e por cada um dos cidadãos. Em outras palavras, foi preciso a edificação de uma ordem pública que valesse para o dia a dia o que, na verdade, correspondia ao desenvolvimento da própria cidadania. A ampliação do corpo político exigia que pessoas comuns, não especializadas em política, se pronunciassem pela via legal da democracia.

Ainda segundo o mesmo autor, a *isonomia* e a *isegoria* transformavam profundamente as relações entre a ordem política e a ordem social. Do ponto de vista político, todos eram iguais, mas do ponto de vista da ordem social havia diferenças, havia os grandes e os pequenos. O lado econômico, porém, não se confundia com o lado político. Os camponeses e artesãos, integrantes da democracia, não levavam à esfera política suas concepções particulares de vida a não ser a sua própria ética segundo a qual tudo devia ser levado à cidade.

Aqui é importante salientar a relação entre a democracia ateniense e as Guerras Médicas. O crescente poder do Império Persa levou-o, por volta de 500 a.C., ao controle das cidades gregas da Ásia Menor (atual Turquia). Quando os persas avançaram para a Grécia Continental, foram repelidos na batalha de Maratona. Depois, Atenas aliou-se

---

68 MEIER, C. *La naissance du politique*. Paris: Gallimard, 1995.

a Esparta para derrotar os persas em Salamina (480 a.C.) e em Plateia (479 a.C.). Essas vitórias confirmaram a posição de Atenas e Esparta como as mais fortes cidades gregas. Os gregos continuaram libertando cidades que estavam sob o domínio persa. A liga de Delos, instituída sob a liderança de Atenas, fez desta a cidade mais importante e garantiu sua expansão democrática. Sob a liderança do estratego Péricles (462-429 a.C.) Atenas estava no auge da prosperidade e do poder e empregava os lucros de seu "império" na construção de edifícios públicos, como o Partenon. Ali todos eram suficientemente aptos para julgar os problemas da cidade. Muito embora a guerra exigisse especializações, a política continuava como a aptidão fundamental.

Para Meier, o sucesso de Atenas levava a alguns questionamentos sobre as consequências de tantas novidades engendradas pela ação de homens num regime democrático. O mundo aparecia aos atenienses sob aspectos novos a cada dia, as concepções e as concepções tradicionais não bastavam para mostrar o que se devia fazer; tudo o que os atenienses tinham por verdadeiro e justo estava geralmente atrasado com relação ao presente, ao que descobriam. Eles mesmos se aperceberam disto: tudo era novo e urgente, tantas coisas havia a realizar! Para eles, querer era poder! Nas artes, nunca os deuses apareceram tão humanos e os homens tão divinos! O acaso e a interferência dos deuses estavam sob controle! Tudo era possível para o homem ateniense.

Ainda segundo Meier, os novos integrantes da política eram comprimidos em limites bem estreitos, pois não podiam rivalizar com os aristocratas. Estes, de fato, tinham um estilo próprio, experiência, educação e uma aptidão para manifestar-se em público. No entanto, com a democracia, a aristocracia não mais devia dispor de um órgão público exclusivo, como fora o Areópago. As decisões estavam, agora, realmente nas mãos do povo. Por outro lado, o debate público democrático aparecia, para os próprios atenienses, como uma faculdade humana extraordinária e excepcional na medida em que fazia da política, baseada na ampla cidadania, o contrário da violência. Com o esvaziamento do Areópago, lugar do poder aristocrático, a cidade perdia seu tradicional equilíbrio. O próprio centro passou a ser polêmico, objeto de debate e decisão. Porém, os atenienses, segundo Méier, perturbavam-se diante de tantas novidades. Indagava-se se a tradição nada mais valia; se seriam esses os desígnios dos deuses; se o debate em si, regulamento público de um problema político, poderia sustentar a ordem da cidade. Enfim, surgiam questões que tentavam equilibrar inovação com a tradição para que a comunidade não se perdesse no tempo presente.

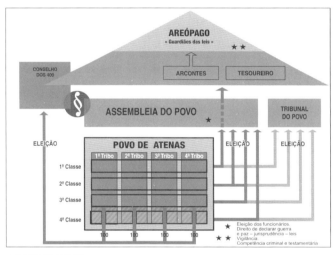

A constituição de Sólon

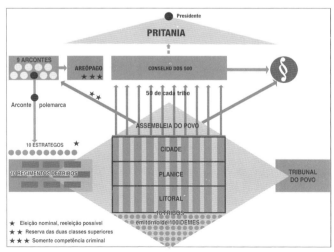

Ilustração 18 A constituição de Sólon

Neste sentido, podemos entender as tragédias como uma necessidade produzida pela experiência democrática. Tomamos aqui a lição da *Orestia* segundo a qual o novo direito, surgido com o esvaziamento do *Areópago*, tinha que valer, mas o vencedor tinha também que ser conciliador. A aristocracia tinha que ser ouvida na democracia. Só ali a opinião do mais mísero cidadão podia, também, prevalecer.

Segundo Meier, a tradição de *aidos* – respeito, recato e pudor – foi transformada em missão dos conciliadores e sábios, pois numa sociedade baseada em compromissos entre iguais, era preciso que o comedimento assumisse uma função que, normalmente, no Estado, era desempenhada pelo poder, por seus órgãos de execução e pelas diversas formas de sua representação. Afrodite, na política, patrocinava a amizade entre os cidadãos. A tradicional educação dos nobres era, assim, importante para a cidade democrática que devia homogeneizar seu corpo político do ponto de vista interno e diferenciá-lo do ponto de vista externo (atenienses e não atenienses, cidadãos e não cidadãos, homens e mulheres etc.).

Tal esforço de realização precisava da tragédia porque esta permitia uma experiência de simulação. Segundo Vernant[69], em *Entre mito e política*, o teatro trágico usava histórias e personagens que todos conheciam e mostrava o que acontecia a esses personagens. Escrever uma tragédia era desenhar, agenciar cenas, diálogos, de tal forma que no final os espectadores entendessem que as histórias da carochinha que lhes contavam quando eram crianças expressavam uma espécie de coerência interna no destino do homem que não poderia ter acontecido de outra forma. Era uma experiência simuladora cujo objetivo era mostrar o caráter necessário de tudo aquilo que acontecera a determinada personagem ou a um tipo de indivíduo socialmente definido (herói, rei etc.). Além disso, era preciso fazer com que o espectador sentisse terror com as catástrofes que iriam acontecer e compaixão pelo que acontecera. Se o herói trágico fosse um salafrário, não haveria efeito trágico.

---

69 VERNANT, J.-P. *Entre mito e política*. São Paulo: Edusp, 2001.

Segundo Vernant[70], na sua leitura da *Poética* de Aristóteles, como os homens se encontram sempre confrontados com situações e forças que não controla, eles cometem erros, enganam-se e sofrem. Porém, quando assistem a uma tragédia, eles podem sair revigorados por meio da *kátharsis*. De repente, o que era absurdo, ruído e furor, torna-se claro e compreensível pelo fato da transposição, da expressão estética. O belo torna-se uma via de acesso para a compreensão do que o homem é, ou seja, o que há de mais precioso e de mais ridículo, de mais frágil e de mais poderoso.

Aqui também, de acordo com Vernant, podemos encaminhar uma reflexão sobre as consequências da instituição do teatro no século V a.C. para o mundo grego. Até então a cultura era acima de tudo oral. Como vimos, o poeta, inspirado pelas *musas*, cantava para seu público acontecimentos que tinham ocorrido em um passado mais ou menos mítico, na época dos heróis. Com o teatro tudo muda; o poeta desaparece e em seu lugar os heróis, como personagens, apareciam em pessoa e falavam em seu próprio nome. Tal encenação permitia aos espectadores o reconhecimento da força da tradição e conferia um mínimo de garantia aos cidadãos.

Para Meier, o teatro trágico era uma necessidade da experiência da democracia ateniense; envolvia o destino de todos os cidadãos. De fato, os próprios atenienses reconheciam a excepcionalidade e o sucesso de sua democracia. Afinal, como uma cidade tão pequena podia ter vencido um exército como o dos persas? Como era possível tal sucesso com um corpo de cidadãos composto principalmente por homens sem instrução, com tão pouca experiência política e que até então só conheciam suas tradições de origem?

O crescimento e poderio de Atenas abriam novos espaços, novas situações inesperadas que exigiam respostas e ações muito rápidas. Por isso, segundo Meier, tal situação provocava angústia; sobretudo

---

70 Para aprofundar a questão das relações entre democracia e tragédias cf. ARISTÓTELES. *Poética*. São Paulo: Nova Cultural, 1996 [Coleção Os Pensadores]. • VIDAL-NAQUET, P. & VERNANT, J.-P. *Mito e tragédia na Grécia antiga*. São Paulo: Brasiliense, 1991.

quando se tratava de vida e morte ou de tomar decisões em matérias incertas. A organização militar e a vitória na guerra contra os persas resultaram, segundo a avaliação dos próprios cidadãos atenienses, de uma extrema racionalidade. No entanto, após a vitória, a confiança no poder do *lógos* precisava ser mantida, era preciso fazer política, governar e, sobretudo, envolver e manter todos os cidadãos num destino comum. Para Meier, a responsabilidade dos cidadãos era fundamental para que todas as respostas às novidades fossem corretas.

É importante lembrar que na democracia ateniense não existiam instâncias que servissem de apoio ou que se responsabilizassem pelas escolhas. Havia somente a responsabilidade dos cidadãos e somente a execução das decisões tomadas coletivamente eram confiadas a algumas pessoas. Estas, porém, deviam sempre prestar contas à cidade.

Assim, o caráter de novidade do século V a.C. ateniense pode explicar, conforme nosso autor, a necessidade de intervenção das tragédias. Nelas se reencontravam o pensamento tradicional mítico, comum a todos, e a nova racionalidade política. Nelas conviviam a cultura popular e a cultura das elites. Segundo Meier, Atenas era uma comunidade que trabalhava a sua infraestrutura mental com toda publicidade, e isto era uma necessidade política. As tragédias eram proteção e garantia ancorada no saber mais profundo. Juntamente com outras festas, as tragédias reforçavam a coesão do corpo cívico, pois, apesar das tensões e das diferenças, era "em comum" que se viviam as coisas. Neste sentido, a questão de saber como integrar a singularidade da democracia ateniense numa ordem sancionada pelos deuses, de acordo com a imagem tradicional, do *cosmos*, colocava-se para todos os cidadãos indistintamente.

Limites da experiência democrática ateniense

Certamente, tanto o sucesso da democracia ateniense quanto o seu fracasso estão relacionados às guerras. No entanto, as guerras contra os persas e, mais tarde, a Guerra do Peloponeso (Esparta x Atenas), não podem ser explicadas pelos critérios modernos da lógica capitalista. Assim, o crescimento econômico do artesanato urbano e as modificações na agricultura, vistas anteriormente, certamente existiram; porém, eles não podem explicar a expansão grega, em busca de mercado, que resulta no conflito entre as cidades.

A inexistência de um cálculo econômico não significava a ausência de um comportamento econômico. Porém, este comportamento estava subsumido à política. Neste sentido, as importações e exportações estavam relacionadas não ao lucro ou à balança comercial, e sim ao princípio da *autarquia*, isto é, à necessidade de assegurar a liberdade da cidade a partir de seu abastecimento.

A rivalidade econômica não explicava as guerras. A economia não era uma categoria autônoma. Como já foi assinalado, no mundo antigo, os fatores econômicos não podiam ser sentidos exclusivamente como tais.

Conforme Austin e Vidal-Naquet afirmam, no mundo grego antigo não havia um vínculo entre produção e exportação. Neste sentido, para eles havia, sim, uma política de importação e não de exportação. Como quem se encarregava em grande parte da indústria e do comércio eram os *metecos*, não seria possível pensar num projeto "nacional", categoria esta inexistente no mundo grego.

De acordo com Vidal-Naquet e Austin (1986), sobretudo em Atenas, havia uma preocupação com a importação de trigo. Durante a época arcaica o trigo vinha do Egito, do Mar Negro e da Sicília, ao passo que no período clássico algumas cidades começaram a cultivá-lo. Atenas tinha a necessidade de controlar direta ou indiretamente as fontes de abastecimento, daí tentar libertar Chipre da dominação persa. Daí também o apoio de Atenas ao Egito; o interesse pela Sicília e a dominação sobre a Eubeia, Lemnos, Imbros e Scyros. Durante a Guerra do Peloponeso os atenienses montaram guarda especial no Helesponto. A necessidade de *autarquia* era premente. Podemos avaliá-la a partir do poder ateniense no século V a.C. e da legislação do século IV a.C. Esta legislação proibia que cidadão ou *meteco* emprestassem dinheiro a um navio que importasse trigo para qualquer outra cidade que não fosse Atenas; proibia a venda de trigo para fora do Pireu; os *metecos* revendedores de trigo tinham uma quota de compra para evitar especulações. Enfim, o abastecimento de trigo e a defesa do território eram problemas constantes nas discussões da Assembleia. Havia interesse em regulamentos que assegurassem o abastecimento de trigo para os cidadãos. Para além do trigo só eram dignos de interesse os materiais estratégicos: madeiras, metais, linho, pez e zarcão.

No entanto, todas as atividades comerciais que se desenvolviam à margem do mundo da cidade, pelas mãos dos estrangeiros (*metecos*), acabam, ao longo do século IV a.C., sendo integradas à cidade. Claude Mossé vê, como indícios do declínio da cidade, o fato de que tanto cidadãos quanto estrangeiros começaram a ser tratados com igualdade perante os tribunais de comércio e, sobretudo, o desenvolvimento do ato escrito em matéria de jurisdição comercial, o que caracterizava a entrada oficial do dinheiro e do lucro na ética da cidade. O "amor às riquezas" era denunciado como contrário à cidade.

Neste sentido, conforme Mossé (1982), podemos entender a reprovação de Platão quanto ao entesouramento, a acumulação de vasos, de roupas luxuosas, joias e armas, que tornavam seus detentores receosos e desconfiados com relação aos pobres; enquanto Aristóteles condenava a atividade dirigida para a arte de ganhar dinheiro. Justamente essa arte de ganhar dinheiro, a partir da segunda metade do século IV a.C., já não era apanágio apenas dos estrangeiros. Os próprios atenienses ricos começaram a se envolver com a nova mentalidade.

Outros marcos do declínio da cidade como quadro essencial da civilização grega, e de Atenas particularmente, foram a Guerra do Peloponeso e a ascensão da monarquia macedônica. Após a vitória de Esparta sobre Atenas nesta guerra, vemos que o ideal da *pólis* como autarquia baseada na concórdia, na confiança e na amizade entre os cidadãos entra em crise. De fato, era improvável que esses valores se sustentassem quando cada uma das cidades empenhava-se na manutenção de sua autonomia. Afinal, como apontam Vidal-Naquet e Austin, entre o ideal da autarquia econômica e a independência política e militar havia uma certa distância. O equilíbrio interno era frequentemente rompido por conflitos e a autarquia econômica conduzia a ambições hegemônicas, tanto entre cidades quanto por potências estrangeiras como a Pérsia e a Macedônia.

Desencadeou-se, então, um estado de guerra permanente entre 431 e 338 a.C., o qual, em um primeiro momento, assegurou a hegemonia de Atenas, mas que ao longo do século IV a.C. mostrou-se corrosivo para o mundo grego. Por um lado, a guerra trouxe a especialização de técnicas e exigia homens também especializados. Os *estrategos* já não podiam ser qualquer cidadão, pois a guerra baseava-se em sofisticadas estratégias. Desde agora, o ideal de que qualquer cidadão pudesse ocupar qualquer cargo já não se aplica; é o fim do exército cívico dos *hoplitas* e da identidade entre cidadão e soldado.

A vitória de Esparta revelava, segundo Vidal-Naquet e Austin, sua impossibilidade de ela ser senhora do mundo grego, e, ao mesmo tempo, a causa de seu declínio. O modelo espartano não podia sustentar-se hegemonicamente frente às outras cidades porque a guerra agravara as desigualdades sociais com a concentração da propriedade nas mãos dos *pares* que, por sua vez, viam-se cada vez mais numericamente reduzidos. A impotência de Esparta facilitava a ascensão da Macedônia.

Conforme a tipologia dos estados gregos, apresentada por Vidal--Naquet e Austin, uma primeira distinção a ser feita era entre o *ethnos* (povo, tribo) e a *pólis* (cidade). No caso do Estado-*ethnos*, a população viveria dispersa em numerosas aldeias, numa extensão relativamente grande. Os laços políticos entre as aldeias poderiam ser bastante fracos. Neste caso, o Estado teria uma existência muito apagada. Para os autores, o Estado-*ethnos* representaria um estágio anterior ao Estado-*pólis*. Eles existiriam precisamente nas regiões onde a *pólis* não se desenvolveu, ou seja, nas regiões onde não houve a influência micênica de um poder centralizado. A unidade de grupo pôde aí conservar-se em graus diferentes.

Ainda segundo os autores, estes estados-*ethné* ocupavam uma parte apreciável da Península Grega; todavia, a sua importância, na história grega, só foi considerável a partir do século IV a.C. Com o esgotamento das *poleis*, a Macedônia, um destes estados, ocupará um lugar considerável na história grega.

A partir das questões colocadas anteriormente podemos considerar o fim da integração entre o soldado e o cidadão e a ascensão dos mercenários como determinantes da crise das cidades. De fato, a presença de mercenários rompia a total lealdade e reconhecimento exigidos pelo *bios* político. Houve esforços de controlar esse aspecto por meio da instituição da *efebia*, sob o controle do Estado (proposta de Demóstenes); por meio de especialistas que se incorporassem ao exército cívico (proposta de Platão); e até o assentamento territorial de mercenários (proposta de Isócrates).

A total integração entre a vida e a cidade, que caracterizara o século V a.C., desintegra-se no século seguinte quando a política e as questões de Estado deixam de desempenhar um papel central e já não são um negócio de toda a gente (cidadãos). Neste momento, as tragédias também dão lugar às comédias que retratam tipos como o cozinheiro, o soldado, a cortesã e o parasita. O trágico como arte política entra em declínio. Os valores do mundo familiar ganham importância juntamente com associações privadas de caráter social ou religioso.

Em suma, devido aos fatores apontados anteriormente, houve o declínio da cidade como quadro essencial da civilização grega e a sua lenta substituição, no decurso do século IV a.C., por novos quadros, em particular a monarquia, que irá dominar na época helenística.

9

A crise do mundo grego e a expansão macedônica

Com a Guerra do Peloponeso, que envolveu Esparta e Atenas, ficavam descobertos os limites dos princípios que presidiram à formação das *poleis* de maneira geral. A ideia de liberdade e autarquia, tanto das cidades quanto de seus cidadãos, e a dedicação integral de todos os cidadãos à vida política mostraram sua inviabilidade. A mudança nas condições da guerra esvaziava o exército de seu conteúdo cívico. No século IV a.C., parece que, cada vez mais, repugnava aos cidadãos abandonar seus interesses privados para cumprir seu tempo de serviço militar. Segundo Mossé, o fenômeno não era peculiar a Atenas, uma vez que, por toda parte, os exércitos cívicos tendiam a ser substituídos por exércitos mercenários. Ainda segundo o referido autor, depois da Guerra do Peloponeso houve muita miséria, o que causou a procura de trabalho pelas massas desmobilizadas e, também, a necessidade de empreender outras guerras. A cidade não se identificava mais como exército cívico. Agora os *estrategos* é que deviam pagar, com seus próprios recursos, seus soldados profissionais. O recurso aos mercenários também descaracterizava a íntima devoção de corpo e alma que havia garantido a vitória contra os persas.

Os mercenários e os seus capitães eram estranhos à cidade: não deviam qualquer lealdade aos seus empregadores. Para Vidal-Naquet e Austin, sua manutenção era muito cara, e por isto era um luxo que a maioria das cidades gregas não podia pagar. Habitualmente, só os grandes monarcas dispunham de recursos necessários em grande escala.

Segundo Vidal-Naquet e Austin, perante essas novidades na vida militar, houve reações diversas entre políticos e filósofos gregos. Para Isócrates, o problema era essencialmente social. Era só instalar todos os mercenários errantes nas terras conquistadas ao Império Persa que o ideal soldado-cidadão voltaria. Para Demóstenes, a transformação

Ilustração 19 As guerras contra o Império Persa

Fonte: *Revista National Geographic Brasil*, ed. esp. "Grécia antiga", 37a, p. 18-19.

das técnicas da guerra acentuava a nostalgia de um passado que ele queria reviver por meio do retorno da *efebia*, ou seja, do serviço militar dos jovens atenienses.

Para os filósofos, a evolução das técnicas era importante, mas eles hesitavam em tirar delas todas as consequências. Aristóteles reconhece a importância da especialização na guerra, mas opta pela noção de um exército de cidadãos. Platão, após ter admitido na *República* os aspectos novos da guerra no século IV, e depois de ter postulado a necessidade de um exército especializado na cidade ideal, regressa à ideia do soldado-cidadão. A evolução da história grega não tardará em demonstrar a falência dessa noção e, com ela, a falência da cidade.

Os *estrategos*, ao longo do século IV a.C., eram os verdadeiros dirigentes da cidade, e, contra tal onipotência, os ricos tentaram se rebelar. Segundo Mossé, isso não era fácil, pois, para a massa empobrecida, a guerra continuava a ser a única saída de sobrevivência mediante os soldos que recebia. Por outro lado, do ponto de vista das cidades envolvidas na aliança com Atenas, houve uma recusa à guerra, elas se rebelaram e provocaram o desconcerto do partido imperialista ateniense. A recusa de Quios, Rodes, Bizâncio e Cós em continuar na aliança ateniense foi, segundo Mossé, um golpe muito duro para Atenas, que, daí em diante, passava a ser conduzida por um grupo de moderados.

Segundo Vidal-Naquet e Austin, um dos traços essenciais do século IV, e uma das causas principais das perturbações de que sofre a cidade, é a extensão dos conflitos sociais (a *stasis*) entre ricos e pobres. Como o mercenariato, de que é das causas principais, a *stasis* faz sua reaparição brutal no decurso da Guerra do Peloponeso. A oposição entre Esparta e Atenas é em parte a oposição entre democracia e oligarquia e entre as duas classes sociais, sobre as quais uma e outra se apoiavam respectivamente. Para os autores, no decurso do século IV a.C., o abismo entre ricos e pobres se aprofundará. As aspirações igualitárias implícitas na noção dos cidadãos agravam as tensões, e as desigualdades sociais são vivamente sentidas. Em muitas cidades se sucedem revoluções, exílios e confiscações. Neste momento, a Macedônia já mostra a sua força. A liga de Corinto, formada em 338 a.C. sob a égide de Filipe da Macedônia, tem por objetivo principal tentar pôr fim em todas as formas de subversão e de perturbações internas nas cidades gregas.

Ainda que a crise não tenha tido a mesma intensidade, em toda parte existe a mesma gravidade e a procura de soluções para o problema dos conflitos e da concórdia nas cidades. Neste sentido se assiste ao regresso da tirania em numerosas cidades gregas. Em geral, segundo os autores citados, uma das causas essenciais de seu reaparecimento era o desenvolvimento do antagonismo entre ricos e pobres. Do mesmo modo que outrora, os tiranos instalavam-se em favor de um desequilíbrio interno, social e político. As transformações nas técnicas da guerra desempenhavam igualmente o seu papel. Os tiranos eram frequentemente chefes militares que defendiam também as suas cidades contra perigos externos.

Juntamente com as tiranias, a monarquia progride como ideologia. Se todos os pensadores e filósofos políticos do século IV defendiam a superioridade da cidade como único quadro aceitável de uma existência civilizada, nem por isso, segundo Vidal-Naquet e Austin, deixaram de reservar um lugar cada vez maior à realidade monárquica. Afinal, o poder efetivo passava cada vez mais das velhas cidades para os soberanos, quer fossem gregos ou não, os quais possuíam os meios financeiros para assegurar a força militar que escapava às cidades. Ao perderem o controle da função militar, as cidades perdiam igualmente a iniciativa política.

Vemos assim que a verdadeira novidade do século IV residia em um retorno a modelos arcaicos, como o da realeza e o da separação entre camponês e cidadão, que haviam sido outrora ultrapassados. Para os mesmos autores, uma das maiores conquistas da época clássica foi, sobretudo, o desenvolvimento do ideal do camponês-cidadão. Contrastando com aquilo que considerava incivilizado, o camponês da cidade clássica reforçava a sua situação econômica e política e tornava-se cidadão de pleno direito. Havia, então, a superação da oposição entre cidade e campo.

Para a crise social, o remédio estava na expansão imperialista, na conquista de novas terras. Tal projeto, depois de expor as pretensões de Atenas sobre as outras cidades, agora procurava aliar todos os gregos contra os bárbaros. Aristóteles, em sua *Política*, tentava dar uma justificativa teórica da escravatura. Para ele, o povo grego, agora unido, era feito para comandar; os povos da Ásia, para obedecer; o bárbaro era, pois, um escravo natural. Na sua cidade ideal, a terra pertenceria aos cidadãos e somente os escravos deveriam nela trabalhar.

A busca da autarquia levara não somente ao domínio das cidades mais fortes sobre as outras, como propiciara um estado de guerra, quase que permanente, entre as cidades gregas.

No caso de Atenas, após a Guerra do Peloponeso, o regime democrático ainda conseguiu ser restaurado. Porém, nenhum dos cidadãos ou seus partidos podiam reivindicar a abolição de dívidas ou a repartição de terras. Assim, as demandas que haviam caracterizado a época arcaica reapareciam. No entanto, elas pertenciam, agora, a uma outra conjuntura. Como vimos, a ascensão dos interesses privados, a ruptura do modelo cidadão-soldado e o crescimento dos mercenários projetavam uma anarquia tanto social quanto política. O sentimento de identificação entre os cidadãos e sua cidade era enfraquecido. A milícia dos cidadãos também já não era suficiente para garantir o fardo das guerras.

Aqui é importante um breve panorama sobre as relações dos gregos com o Império Persa, o Egito, Cartago e a própria Macedônia. Para tal panorama vamos nos basear na *História da Grécia*, de M. Rostovtzeff[71].

Com relação à Ásia, a crise das cidades gregas facilitava as pretensões de dominação persa. No entanto, o Império Persa também tinha problemas. Ele era composto por inúmeras semimonarquias gregas que pagavam tributo à Pérsia e que estavam interessadas na independência. No Egito acontecia o mesmo potencial de revolta contra o poder do Grande Rei da Pérsia.

Apesar dos problemas internos, a Pérsia era ainda um poderoso império. Sob o reinado de Artaxerxes Oco – contemporâneo de Filipe, pai de Alexandre da Macedônia –, mostrou sua força combatendo

---

71 ROSTOVTZEFF, M. *História da Grécia*. Rio de Janeiro: Zahar, 1973.

os focos separatistas e restaurando a unidade do império. Apesar da consciência da necessidade de união entre as cidades gregas para fazer frente às pretensões persas, elas continuaram desunidas. Tal fator possibilitava, de fato, a supremacia persa.

No lado ocidental, Cartago tornava-se uma potência em expansão com a anexação de tribos africanas. Embora suas relações com os gregos não tenham sido relevantes, tal expansão indicava o enfraquecimento da população grega na Itália, o que viria encorajar as pretensões de unificação da Península Itálica sob o clã romano.

Com relação aos povos que habitavam o norte da Península dos Bálcãs, chamamos a atenção para a Macedônia. Com ela, as cidades gregas, e Atenas em especial, mantinham importantes relações econômicas. Quando Filipe conseguiu completar a unificação das tribos macedônicas, tinha como objetivo principal assumir a liderança dos gregos contra a Pérsia. Filipe conseguiu construir um poderoso império baseado em um exército permanente e bem treinado, que mais tarde mostrar-se-ia invencível.

Diante da ameaça persa e das dificuldades de uma liderança interna, a Macedônia foi reconhecida como membro da família de estados gregos. Filipe apresentou, então, seu plano de unificação da Grécia em um reino aliado sob a direção política e militar da Macedônia.

Para Rostovtzeff, o estadista e soldado Filipe via claramente que a questão do seu domínio sobre a Grécia não podia ser solucionada a seu favor sem um conflito decisivo contra a Pérsia porque, sob o governo rigoroso de Artarxerxes Oco, a Pérsia reivindicava a Grécia como propriedade sua e a considerava como fornecedora regular de tropas mercenárias que permitiam a manutenção da unidade monárquica. Por conseguinte, a intenção de Filipe de unir toda a Grécia era uma séria ameaça à Pérsia.

A posição da Grécia, entre a política da Macedônia e a da Pérsia, dividia os próprios gregos. Havia um grupo, como o de Isócrates, que aceitava a dependência grega com relação à Macedônia como um modo de preservar a importância dos gregos no cenário mais amplo. De fato, a Macedônia havia incorporado grande parte da cultura grega e as pretensões do expansionismo macedônico não só preservariam as conquistas gregas como ampliariam sua atuação. Mas a maioria na Grécia não aceitava tal dominação. O grupo mais expressivo dessa corrente era o de Demóstenes. Para ele e seus seguidores, a questão em pauta era a da liberdade da Grécia identificada com a cidade-estado, com sua independência e seu direito de resolver seus próprios assuntos.

A monarquia, como vimos, era o oposto do ideal da *pólis* e inimiga dos princípios constitucionais tão caros aos gregos.

A história grega deste período é a história da resistência do grupo liderado por Demóstenes. Eles estavam determinados a lutar pelo ideal de liberdade. Entre os dois inimigos, a Macedônia e a Pérsia, eles escolheram conquistar a Macedônia, ainda que com a ajuda do ouro persa. Ser conquistado pela Macedônia representava, para os gregos, escravatura imediata; ao passo que conquistar a Macedônia, ainda que com a ajuda dos persas, não significava, necessariamente, escravatura à Pérsia. A conquista persa era um fantasma com o qual poucos gregos se assustavam. Eles tinham uma lembrança vívida das Guerras Médicas e estavam convencidos de que poderiam defender-se novamente.

Demóstenes conseguiu reunir mesmo cidades gregas antagônicas na luta contra a Macedônia. Porém, em Queroneia, em 338 a.C., os macedônios venceram os gregos. A liderança da Macedônia foi reconhecida em Corinto por um congresso de representantes de todos os estados gregos, com exceção de Esparta. Ao mesmo tempo, celebrou-se uma aliança geral dos gregos para lutar contra a Pérsia sob a liderança da Macedônia.

Quando os primeiros contingentes macedônicos já haviam atingido o Helesponto, Filipe foi assassinado. Como o filho de Filipe, Alexandre, era adorado pelo exército de seu pai, não houve uma luta pela sucessão. O exército imediatamente reconheceu Alexandre como seu rei.

Mas a morte de Filipe obrigou Alexandre a adiar sua campanha contra a Pérsia. Como recomeçaram as revoltas contra o domínio macedônico, Alexandre teve que se dedicar a debelá-las. A mais expressiva das revoltas foi a de Tebas. Alexandre tomou a cidade de assalto e a destruiu; os habitantes foram mortos ou vendidos como escravos. Após tal ajuste de contas, a Grécia se acalmou e Alexandre foi reconhecido pelos gregos em Corinto como líder.

A tarefa de Alexandre na conquista da Pérsia envolvia uma série de questões. Dentre elas, podemos destacar que o poderio marítimo da Macedônia e da Grécia não era inferior ao da Pérsia. Porém, Atenas, a cidade mais poderosa no mar, não se mostrava entusiasmada pela causa de Alexandre e, sem sua assistência ativa, a Pérsia dominava os mares. Assim, o trabalho de Alexandre foi destruir as bases da frota persa por terra. Ao conquistar o Egito, Alexandre pôde lançar-se sobre a Fenícia. Tal domínio privava a frota persa da única base que lhe restava. O Egito também era importante para o abastecimento da Grécia e para mantê-la em uma neutralidade amigável.

O conflito decisivo entre Alexandre e o exército persa, agora liderado por Dario, foi travado na Babilônia. O grande exército persa foi destruído e Dario fugiu para suas satrapias[72] na Ásia Central, onde foi morto. As campanhas subsequentes de Alexandre no Turquestão e na Índia destinavam-se a completar a conquista de todas as satrapias que pertenciam à Pérsia.

A expansão da Macedônia significou que as cidades gregas perderam, para sempre, sua independência política. A despeito das repetidas tentativas para reconquistá-la, a cidade-estado foi forçada a submeter-se a uma monarquia. No entanto, essa derrocada no plano político não significou o desaparecimento de tudo aquilo que orientou a luta das cidades gregas na sua história desde o desaparecimento do *ánax* micênico.

Vale a pena lembrar que, apesar da crise grega, há triunfos intelectuais que precisam ser considerados. Se Atenas não conseguiu impor-se politicamente sobre as outras cidades, sua língua – o dialeto atiço – tornou-se a língua da cultura de todo grego educado a partir do século IV a.C. Há também todo o desenvolvimento da arte do discurso, ou seja, de como construir argumentações capazes de levar ao

---

72 Províncias administrativas do Império Persa.

convencimento de um público qualquer. Em um primeiro momento, foram os chamados sofistas que se dedicaram a tal empreitada. Mais tarde, diante da perigosa potência das palavras, Aristóteles vai desenvolver a arte retórica. Tal arte era uma tentativa de atrelar a perigosa arte do discurso a um patamar ético formulado pela filosofia racional. Já Sócrates e Platão condenaram totalmente as artes, tanto retóricas quanto poéticas, dizendo serem elas ligadas à mentira. Eles, de fato, só reconheciam a verdade da filosofia, e esta pertencia ao mundo das ideias. Tanto Platão quanto Aristóteles estavam preocupados com o desenrolar do mundo dos homens e tentaram, cada qual à sua maneira, projetar modelos de cidade e leis que reduzissem aquilo que eles identificavam como particularidade e imprevisibilidade humanas.

O período histórico conhecido como helenismo está relacionado com a crise da autonomia política das cidades gregas e com a expansão da Macedônia. No ano 336 a.C., quando morre Filipe da Macedônia, seu sucessor e filho Alexandre tinha 20 anos de idade, e assumiu a missão idealizada pelo pai. Aqui vale lembrar um pouco da biografia de Alexandre, na medida em que ela esclarece em muito os contornos do período assinalado.

Quando Alexandre tinha 13 anos, seu pai o tinha colocado sob a custódia de Aristóteles. Ele adquiriu, assim, uma cultura profundamente grega e um gosto pelas coisas do espírito de que jamais se afastará. Aos 16 anos, enquanto Filipe estava numa expedição, Alexandre ficou como regente. Iniciava-se, assim, nos negócios do reino macedônico. Quando seu pai morreu, foi proclamado rei pelo exército de seu pai. Começava um reinado de 12 anos que, de fato, mudou a face da Hélade e do mundo oriental.

Alexandre acreditava que tinha uma natureza excepcional, posto que se reconhecia como descendente de Héracles, pelo lado do pai, e de Aquiles e Príamo, pelo lado da mãe. Acreditava sentir o sangue fervente dos heróis, seus antepassados, segundo ele. Como ser descendente de Zeus não era suficiente, ele consultou o oráculo de *Siwah*, no qual *Amon* reconheceu-o como filho e prometeu-lhe um império universal.

Contrariando os ensinamentos de seu mestre Aristóteles, que via na moderação a garantia de um bom governo, Alexandre caía em *hybris*, tornava-se um deus e comportava-se como um super-homem. Ele reunia em si as polaridades da valentia generosa de Aquiles e também de um *Titã*. Era ao mesmo tempo filantropo e assassino, era a face da luz e das trevas. Visto que ele não provinha de uma natureza humana, nada podia detê-lo. Nem a medida (o *metron*) que os gregos associavam com a sabedoria.

Depois de mobilizar o exército macedônico e os contingentes da liga helênica, partiu para a Ásia. A bandeira de Alexandre era a libertação dos gregos que estavam sob o domínio dos bárbaros na Ásia Menor e vingá-los por males sofridos nas Guerras Médicas. Queria também propagar a civilização helênica e continuar a obra de seu pai. Para tal, não podia abandonar o exército de 10 mil homens que já estava na Ásia. Todas as campanhas deviam cimentar a união entre o reino macedônico e a liga de Corinto. No nível do imaginário, alguns historiadores reconhecem que havia um desejo de reviver as recordações da *Ilíada* por meio de uma aliança entre os gregos contra a Ásia como fora a luta entre aqueus e troianos.

Na Ásia, o primeiro ato de Alexandre foi o de cravar sua lança no solo, o que significava seu projeto de criar uma monarquia universal a partir da conquista dos persas, egípcios, sírios e iranianos.

O sustentáculo desse império era o exército. As despesas militares, os honorários dos funcionários, as obras públicas e o fausto da corte pressupunham enormes recursos que Alexandre pouco tirava da Macedônia e nada da Grécia. Como, de fato, Alexandre não alterou o sistema fiscal existente nos governos monárquicos conquistados, ele podia dispor de seus tesouros. O método de conquista de Alexandre não alterava a estrutura anterior. Ele apenas estabelecia seus homens de confiança na administração local e muitas vezes não mexia nos antigos funcionários, pois eles sabiam a língua e a tradição local.

Alexandre não tinha como objetivo a unificação imperial, e sim um império caracterizado por uma política de colaboração cuja base estava em uma educação comum, em casamentos mistos e na fundação de cidades com suas respectivas universidades. Neste sentido, ele não comungava do ideal pan-helênico, não queria submeter ou humilhar os bárbaros. Assim, mesmo coberto pelos ornamentos reais, o discípulo de Aristóteles continuava fiel ao helenismo. No entanto, do ponto de vista do poder ele se afastava, pois reabilitou a instituição do culto real, que na história grega havia sido banido. Para ele, a manutenção de todas as diferenças só seria possível com o reconhecimento de um poder que se colocasse acima de tudo e de todos. Neste caso, o culto de um soberano que aparecia como um deus vivo e epifânio, seria o único capaz de fornecer a unidade indispensável a um império marcado pela diversidade de terras, de povos e religiões. Alguns gregos reagiram fortemente a esse culto, mas aos poucos houve uma identificação entre Alexandre e Dioniso.

Do ponto de vista das fronteiras entre gregos e bárbaros, podemos apontar a construção de um certo ecumenismo (*koinon*) sob a expansão da cultura grega. No mundo grego, a identidade entre cidadão e soldado foi fraturada juntamente com a supremacia de interesses privados. Podemos acrescentar ainda o esvaziamento das instituições políticas da época clássica.

Em Atenas, a *efebia* foi reformada e estruturada no fim do século III a.C., tornando-se facultativa e reservada aos filhos das famílias abastadas. Essa educação militar acabou essencialmente retórica e filosófica e, a partir de século II a.C., numerosos estrangeiros, provenientes sobretudo da Síria e da Ásia Menor, conseguiam ser admitidos na *efebia* e, depois, compravam o direito de cidade (a cidadania ateniense). A elite ateniense procurava manter boas relações com os egípcios para neutralizar a influência macedônica. O *demos* já nada mais valia, embora continuasse com as mesmas demandas da época arcaica. Por outro lado, o prestígio intelectual de Atenas continuava, havia festas suntuosas e escolas filosóficas de sucesso, como veremos adiante.

Do ponto de vista das outras cidades, havia apenas a caricatura das instituições clássicas. Porém, ressaltamos que o espírito de autarquia sobrevivia nos *koiná*, os estados federados. Esse tipo de organização era herdeira direta dos estados *ethné*, anteriores ao sistema da *pólis*. Dentre tais organizações destaca-se o *koinón* etólio que englobava as regiões da Arcânia, da Fócida e da Lócrida na Tessália. Nesta "liga" havia uma assembleia do povo que agrupava, sem a condição censitária, todos os cidadãos de todas as cidades confederadas. A assembleia reunia-se em duas sessões anuais. Havia dois conselhos, um de mil membros, e outro mais restrito. A assembleia elegia os magistrados e o mais importante era o *estratego*, que durante um ano tornava-se chefe do executivo. O número de delegados que cada cidade indicava ao conselho, assim como os contingentes que ela fornecia e os impostos que pagava, eram proporcionais à sua importância.

Havia uma hostilidade dos etólios com relação à dominação macedônica, o que levou-os a abraçar a causa da expansão de Roma. A outra liga, rival da liga etólia, era a de Acaia, que apoderou-se de Corinto, mas esta lutou contra os romanos.

O declínio de tal tipo de Estado (*koinon*) vem dos progressos do poderio romano. Em 146 a.C., Corinto foi arrasada e a liga dissolvida. Roma deportou mais de mil cidadãos gregos para seu império, entre os quais destacava-se Políbio. Por outro lado, esses estados representavam o supremo esforço do espírito grego no sentido de organizar um poderio contra a Macedônia.

Podemos concluir que no mundo grego, apesar da "assimilação" de Alexandre a Dioniso, do ponto de vista político, as forças antimacedônicas nunca deixaram de atuar. Por outro lado, a Macedônia tentava por todos os meios consolidar sua autoridade e transformar as cidades-estado gregas em departamentos administrativos do seu reino; mas tais tentativas nunca tiveram resultados duradouros. Assim, a tendência que predominou no mundo grego foi a subdivisão política e militar que levava inevitavelmente à guerra.

Quando Alexandre morreu, em 323 a.C., depois de alguns impasses, seu império fica dividido entre seus generais (*diádocos*). Essa divisão deu origem à dinastia dos Lágidas no Egito, de Antíoco na Síria,

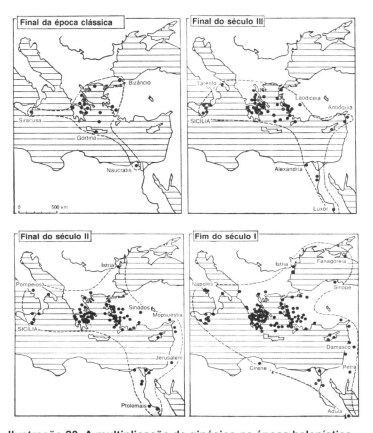

Ilustração 20 A multiplicação de ginásios na época helenística
Fonte: LÉVÊQUE, P. *O mundo helenístico*. Lisboa: Ed. 70, 1987, p. 92-93.

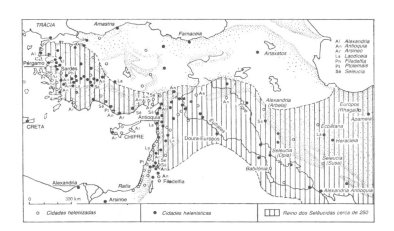

Ilustração 21 Urbanização do Oriente e criações dinásticas
Fonte: LÉVÊQUE, P. *O mundo helenístico*. Lisboa: Ed. 70, 1987, p. 60.

125

dos Selêucidas na Pérsia e dos Antígonas na região grega. Na verdade, é após a morte de Alexandre que se reconhece propriamente a helenização levada adiante pelos reinos herdeiros do projeto de Alexandre. Afinal, *hellenizein* significava "falar grego" ou "viver como os gregos". Essas monarquias helenísticas eram governadas por reis macedônicos por nascimento e gregos por cultura.

Para uma ideia da helenização do mundo conhecido observemos os seguintes mapas dos séculos III, II e I a.C. e a urbanização do Oriente:

Em suma, com a estabilização das conquistas de Alexandre, após as lutas que sucederam à sua morte, o quadro tradicional da cidade antiga ficava em um segundo plano. Como vimos, mesmo sob o comando das monarquias helenísticas, a vida política ainda existia. As cidades decidiam suas questões, pois a superestrutura dos reinos helenísticos continuavam repousando sobre as instituições já existentes. Porém, essas cidades tornavam-se apenas a pequena pátria e não mais a categoria fundamental, a norma suprema da existência dos cidadãos, do pensamento e da cultura.

Quando comparadas com a força da *pólis*, as monarquias helenísticas apareciam inorgânicas, incertas de si próprias, desmembradas e remembradas nas mãos da Fortuna (*Tyché*). Elas não tinham força para impor aos homens uma disciplina que desse sentido ao mundo e à vida. Do cidadão da *pólis* passava-se agora ao conceito de cidadão do mundo. Mas quem iria, então, orientar os homens para além dos quadros da antiga cidade e em um mundo que ainda não podia pensar ou afirmar um conceito de humanidade?

Para Henri Marrou[73], o verdadeiro herdeiro da cidade antiga não era o indivíduo (um conceito que só é produzido na época moderna), mas a pessoa humana que, liberta do condicionamento coletivo da vida na *pólis*, tomava consciência de si, de suas possibilidades, de suas exigências e de seus direitos.

---

73 MARROU, H.I. *História da educação na Antiguidade*. São Paulo: EPU, 1975.

Dessa forma, a educação assumia seu caráter absoluto. Não ficava mais restrita à formação dos cidadãos. Por uma ampliação notável, segundo o mesmo autor, a educação transforma-se em *Paideia*, que significava formação do homem para além dos anos escolares. Uma educação que coincidia com a própria duração da vida, a fim de realizar mais perfeitamente o ideal de humano. Neste sentido, a educação significava também cultura como um estado de espírito plenamente desenvolvido.

O que faz doravante a unidade do mundo grego, entendido como "universo habitado", como civilização, não é o sangue ou a unidade política, e sim a crença no mesmo pensamento relativo à finalidade essencial do homem e aos meios de atingi-la, isto é, a cultura. Esse ideal de humanidade, orientado por uma mesma educação, ultrapassava, assim, a necessidade dos quadros da cidade antiga e mesmo suas instituições. Era possível viver como um grego, mesmo sem ter nascido grego, em qualquer lugar. Por onde apareciam e se instalavam, os "gregos" implantavam suas instituições de ensino: escolas primárias e ginásios.

Conclusão

Para finalizar, vamos retomar o eixo que conduziu nossas reflexões e que diz respeito ao lugar da palavra no mundo dos homens. Da palavra inquestionável e soberana do rei, dos adivinhos e dos poetas que traziam aos homens os desígnios dos deuses e os limites das ações humanas, passamos para uma palavra que se colocava em discussão e que podia sustentar um tecido social baseado na *pólis*. Os problemas relativos aos "donos" dessa palavra política, quando houve a diferenciação e a exigência de participação de novos homens no cenário da *pólis*, caracterizaram a conhecida questão da época arcaica. As soluções para os problemas apresentados foram variadas. Mas nós escolhemos trabalhar os esforços espaciais e institucionais para a criação e recriação da ordem política tanto no modelo democrático de Atenas quanto no modelo monárquico de Esparta.

As outras cidades gregas apareceram como indicadoras de limites e soluções relativas, também, à possibilidade da existência de um mundo que se concebia como grego e que independia de um Estado único ou centralizado nos moldes do Estado-nação moderno. A sobrevivência daquilo que foi definido como a Grécia, de fato, teve que enfrentar sérios problemas tanto de equilíbrio de forças entre as cidades quanto da eventual supremacia de algumas delas sobre outras. Mas, sobretudo, o mundo grego teve que enfrentar a ameaça persa e, mais tarde, a ameaça da Macedônia. Neste sentido podemos entender as alianças, as ligas e as guerras internas e externas no tempo e no espaço. O jogo de forças era variável diante da luta pela realização do valor mais caro a todas as cidades gregas: a autarquia. Tal conceito para nós está muito próximo dos fatores econômicos, mas para os gregos o valor da autarquia era político. Significava a independência de gerir os próprios negócios do ponto de vista político. Dela dependia o próprio valor do homem, como conceito, relacionado ao estatuto dos deuses e dos animais. Como devemos lembrar, desde Homero os gregos apontam para esse lugar do homem que se afasta dos deuses, do ponto de vista da sua mortalidade, e se aproxima dos animais que, afinal, também são mortais. Tal aproximação, no entanto, aponta para traços que são especificamente humanos. Só os homens, para os gregos, tinham consciência dessa mortalidade e só os homens processavam seus alimentos. Afinal, os homens comiam comidas cozidas e os animais, não. Por outro lado, mas no mesmo sentido, só a espécie humana procurava "viver melhor", ou seja, só os homens se preocupavam em construir um mundo para si e que era diferente da vida em bando dos animais.

Lembrem-se que em Homero há um esforço de definição do que seria especificamente humano, sobretudo o do grego civilizado. Neste caso, os homens praticavam a agricultura, podiam usar a palavra (*lógos*) contra a força, como no caso de Ulisses (Odisseu) quando engana o cíclope ao dizer que se chamava "Ninguém". Praticavam a hospitalidade, dançavam, e compartilhavam refeições.

Quando a *pólis* aparece no território grego, ela passa a ser considerada como a mais perfeita forma de organização humana, uma vez que emanava da própria ideia de legalidade imanente ao *cosmos*. Mais tarde, Aristóteles diria que a *pólis* era uma forma que somente os homens podiam compartilhar com exclusividade. Os animais conheciam, assim como os homens, a vida em família e a em bando, mas só a cidade correspondia a um desejo de "viver melhor". Aliado a este "viver melhor" estava o ideal de autarquia. A cidade poderia garanti-la por meio de suas leis e instituições. Para os gregos, as leis da cidade reduziam até mesmo a interferência dos deuses na vida dos homens. Ali eles tinham seus templos, onde recebiam as oferendas.

A história grega, de acordo com alguns autores que nos ajudaram neste percurso, sempre foi fiel a seus princípios. De certa maneira, assim como os valores que sustentavam a *areté* heroica foram retirados do herói individual para que se encarnassem no coletivo da *pólis*, os valores da autarquia, dentre outros, que deviam sustentar a *pólis*, foram mantidos no período helenístico. Sem a *pólis*, como quadro fundamental da identidade dos cidadãos e dos não cidadãos também, muitos valores se deslocaram para o campo das escolas filosóficas helenísticas.

Apesar de outros caminhos possíveis, optamos por uma reflexão que privilegia as relações entre o desenvolvimento dessas escolas filosóficas e o esfacelamento da *pólis* Neste sentido, valores que sustentavam a *pólis* como corpo político passam a integrar uma dimensão individual. Tratava-se agora, em linhas gerais, de um "cuidado de si", ou seja, da escolha de um modo de vida que trouxesse algum conforto e previsibilidade não mais para o coletivo da *pólis*, mas para quem decidisse escolher e desenvolver uma determinada maneira de ser no mundo.

Muitos estudiosos veem essas escolas como resultado da incapacidade dos filósofos de agir no plano da cidade real. Afinal, eles pensaram a cidade, como Platão e Aristóteles, mas não encontraram um remédio para a corrupção. Daí terem desenvolvido uma moral individual. Segundo Pierre Hadot[74], os filósofos da época helenística jamais se desinteressaram da política. Eles desempenharam sempre o papel de conselheiros dos príncipes ou embaixadores de uma cidade (recordemos que Aristóteles foi professor de Alexandre).

A filosofia helenística correspondia a um desenvolvimento natural do movimento intelectual que a precedeu (lembrem-se de que o modo de pensar filosófico foi fruto de condições históricas que possibilitaram a formação da *pólis*). Para Hadot, talvez fosse a própria experiência do encontro entre os povos que lhe tenha permitido desempenhar certo papel no desenvolvimento da noção de cosmopolitismo, isto é, da ideia do homem como cidadão do mundo. Por outro lado, é importante ressaltar que o estudo da filosofia, para os gregos, não significava apenas uma opção intelectual, uma profissão, como é para nós. Significava, sim, uma *areté* que, com a *pólis*, era concebida como uma competência que devia permitir o desempenho de um papel na cidade.

---

74 HADOT, P. "As escolas helenísticas". *O que é a filosofia antiga?* São Paulo: Loyola, 1999.

No entanto, essa competência só podia ser apreendida se o sujeito que a aprendesse tivesse as atitudes apropriadas e se as exercesse satisfatoriamente. Havia, assim, uma escolha de vida.

Cada escola definia-se por uma escolha de vida, por uma opção existencial. Afinal, a filosofia era amor e investigação da sabedoria, e a sabedoria era, precisamente, um modo de vida. Assim, a escolha inicial, própria a cada escola, era a escolha de um tipo de sabedoria e integrava tanto aquilo que entendemos como corpo quanto como mente.

Ainda que o conceito de sabedoria pudesse variar, havia um núcleo comum a todas as definições em todas as escolas helenísticas. Para Hadot, todas as escolas definiam a sabedoria como um estado de perfeita tranquilidade da alma. Nessa perspectiva, a filosofia aparecia como uma terapêutica dos cuidados, das angústias e da miséria humana. Ainda segundo o mesmo autor, o que variava eram as causas da miséria humana. Para os cínicos, os sofrimentos eram causados pelas convenções e obrigações sociais. Para os estoicos, pela perseguição do prazer e do interesse egoísta. Para os céticos, pelas falsas opiniões, e para os epicuristas pela investigação dos falsos prazeres. Para todas elas, o mal não estava nas coisas, mas nos juízos de valor que os homens lhes atribuíam. Tratava-se, então, de os homens cuidarem de mudar seus juízos de valor: todas essas filosofias se queriam terapêuticas. Contudo, para Hadot, para mudar seus juízos de valor, o homem devia fazer uma escolha radical: mudar toda sua maneira de pensar e de ser. Era graças a essa escolha pela filosofia que ele atingiria a paz interior e a tranquilidade. Muitas dessas escolas tinham, inclusive, dietas específicas, assim como exercícios físicos e espirituais.

No período helenístico, o que fazia a unidade do mundo grego, entendido como "universo habitado", como civilização, não era mais o sangue ou a unidade política, e sim a crença em um mesmo pensamento relativo à finalidade essencial do homem e aos meios de atingi-la, isto é, a cultura. A civilização da *Paideia* ultrapassava, assim, a discussão centrada em função de problemas políticos. Os filósofos helenistas consagravam-lhe uma reflexão autônoma centrada na ideia de uma cultura pessoal como o bem mais precioso que tinha sido dado aos mortais. Ter tal educação, ou ser educado, era obter o primeiro de todos os bens e ao mesmo tempo o único que jamais poderia ser roubado.

Como aponta Marrou, podemos até pensar em uma religião da cultura, pois havia uma elevação de valores culturais até o ponto de, por meio deles, atingir-se a imortalidade. O trabalho da inteligência, o cultivo das ciências e das artes era, também, um seguro instrumento de ascese que, purificando a alma das máculas das paixões terrestres, a libertava pouco a pouco dos liames acabrunhantes da matéria. Ainda segundo Marrou, essa cultura que poderia garantir a imortalidade não dizia respeito apenas a seres excepcionais, como os poetas, adivinhos ou reis; ela estava disponível a todos. Como coisa divina, passatempo celeste, nobreza da alma, a *Paideia* grega revestia-se de uma espécie de luz sagrada que lhe conferia uma eminente dignidade.

Em suma, o verdadeiro herdeiro da cidade antiga não era o indivíduo, mas a pessoa humana que, liberta do condicionamento coletivo da cidade, tomava consciência de si própria, de suas possibilidades, de suas exigências e de seus direitos. Para Marrou, a norma, a justificação suprema de toda existência, coletiva ou individual, residia doravante no homem entendido como personalidade autônoma, justificada em si mesma, e que encontrava, a partir do seu eu, a realização de seu ser. É importante frisar que ainda estamos muito longe do conceito de indivíduo moderno, herdeiro da tradição judaico-cristã.

Para o homem helenístico, a existência humana não tinha outro fim senão atingir a forma mais rica e a mais perfeita personalidade. Como diz Marrou, cada um devia propor-se, como tarefa fundamental, modelar sua própria estátua, fazer-se a si mesmo, extrair da criança que antes se foi, de seu ser mal-delineado, o homem plenamente homem cuja imagem ideal poderia ser imaginado e realizado. Tal era a obra de toda a vida, a única obra a que a vida deveria ser consagrada. "Fazer sua a beleza" ou "fazer da vida uma obra de arte" eram máximas do período.

No entanto, todo esse ideal há que ser relativizado, pois corremos o risco de tomar o mundo helenístico como concretização de tais "máximas". Neste caso, teríamos um mundo no qual a criação filosófica grega teria sido capaz de integrar as mais diversas culturas em sua *Paideia* e, além de tudo, concretizá-la em todos os homens.

Certamente isso não aconteceu, porém é importante compreender o alcance que tiveram a reflexão dos gregos sobre o homem e suas possibilidades de organização política. Com o helenismo houve a reunião e a sistematização de tudo aquilo que fora intensamente vivido e debatido pelos gregos na ordem dos eventos. Foi assim que o conceito de formação do homem foi amplamente divulgado e transformado em escolha pessoal. No entanto, neste mundo antigo não podemos utilizar nossos conceitos sem problematizá-los. Assim como a democracia não significava igualdade social ou a inclusão de todos os homens nas decisões da cidade; o ideal de formação do homem culto também não atingia a todos os homens. Afinal, para o homem, de fato, alcançar a excelência humana (*areté*) que o distinguia dos animais, ele devia estar livre dos constrangimentos da sobrevivência. Usando nossos códigos, podemos traduzir do seguinte modo as condições necessárias para o alcance da excelência: casa, comida, saúde, proteção. Sem abrigo, sem comida, doente, com medo é impossível pensar, é impossível o desenvolvimento do *lógos*. Palavra e raciocínio como atributos exclusivos do homem precisam de condições para se desenvolver. Assim, o desenvolvimento da vida como "obra de arte" estava submetido às mesmas exigências que o exercício da cidadania na *pólis*.

Referências

ANDRADE, M.M. *A vida comum* – Espaço, cotidiano e cidade na Atenas Clássica. Rio de Janeiro: DP&A, 2002.

ARISTÓTELES. *Poética*. São Paulo: Nova Cultural, 1996 [Coleção Os Pensadores].

AUSTIN, M. & VIDAL-NAQUET, P. *Economia e sociedade na Grécia antiga*. Lisboa: Ed. 70, 1986.

BENEVOLO, L. *História da cidade*. São Paulo: Perspectiva, 2003.

DETIENNE, M. *Os mestres da verdade na Grécia arcaica*. Rio de Janeiro: Zahar, 1988.

FINLEY, M.I. *Economia e sociedade na Grécia antiga*. São Paulo: Martins Fontes, 1989.

_____. *Democracia antiga e moderna*. Rio de Janeiro: Graal, 1988.

_____. *O mundo de Ulisses*. Lisboa: Presença, 1982.

HADOT, P. "As escolas helenísticas". *O que é a filosofia antiga?* São Paulo: Loyola, 1999.

HESÍODO. *Os trabalhos e os dias*. São Paulo: Iluminuras, 1991 [Trad. de Mary Lafer].

HOMERO. *Ilíada*. São Paulo: Benvirá, 2010 [Trad. de Haroldo de Campos].

_____. *Odisseia*. São Paulo: Penguin/Companhia das Letras, 2009 [Trad. de Frederico Lourenço].

JAEGER, W. *Paideia* – A formação do homem grego. São Paulo: Martins Fontes, 1998.

LÈVÊQUE, P. *O mundo helenístico*. Lisboa: Ed. 70, 1987.

MARROU, H.I. *História da educação na Antiguidade*. São Paulo: EPU, 1975.

MEIER, C. *Política e graça*. Brasília: UnB, 1997.

_____. *La naissance du politique*. Paris: Gallimard, 1995.

MOSSÉ, Claude. *As instituições gregas*. Lisboa: Ed. 70, 1985.

_____. *Atenas*: a história de uma democracia. Brasília: UnB, 1982.

NUSSBAUM, M. *A fragilidade da bondade* – Fortuna e ética na tragédia e na filosofia grega. São Paulo: Martins Fontes, 2009.

PLATÃO. *Protágoras*. Lisboa: Relógio d'Água, 1999.

RANCIÈRE, J. *A partilha do sensível*: estética e política. São Paulo: Ed. 34, 2005.

_____. *Políticas da escrita*. São Paulo: Ed. 34, 2001.

ROMILLY, J. "A Grécia antiga contra a intolerância". *A intolerância*. Unesco/La Sorbone, 27/03/1997.

ROSTOVTZEFF, M. *História da Grécia*. Rio de Janeiro: Zahar, 1973.

SENNETT, R. *Carne e pedra*. Rio de Janeiro: Record, 1997.

SNELL, B. "O mundo dos deuses em Hesíodo". *A descoberta do espírito*. Lisboa: Ed. 70, 1992.

VERNANT, J.P. *Entre mito e política*. São Paulo: Edusp, 2001.

_____. *O universo, os deuses, os homens*. São Paulo: Cia. das Letras, 2000.

_____. *As origens do pensamento grego*. São Paulo: Bertrand Brasil, 1998.

VERNANT, J.P. (org.). *O homem grego.* Lisboa: Presença, 1994.

VIDAL-NAQUET, P. & AUSTIN, M. *Economia e sociedade na Grécia antiga.* Lisboa: Ed. 70, 1986.

VIDAL-NAQUET, P. & VERNANT, J.-P. *Mito e tragédia na Grécia antiga.* São Paulo: Brasiliense, 1991.

PARTE II
O CAMINHO HISTÓRICO DO MUNDO ROMANO

Introdução

No mesmo sentido que percorremos o mundo grego, vamos prosseguir com o romano. Apesar de ser lugar-comum o reconhecimento de uma herança greco-romana na formação da Europa Ocidental, é necessário estabelecer algumas distinções neste campo, para que a partilha da palavra política possa ser encaminhada nas diferentes fases da sua história. De modo geral, hoje, quando pensamos em Roma, identificamos nela a capital da Itália. No entanto, do mesmo modo que vimos com os gregos, a história de Roma não é a história da formação de uma nação. Toda a região italiana era composta por vários povos ligados à agricultura e ao pastoreio. As lutas pela dominação e, sobretudo o surgimento de cidades, nos faz pensar sobre fusões culturais entre os gregos e aqueles povos que apontam para o legado no qual os romanos despontam e organizam de modo particular todo um modo de vida e concepção de mundo. A ordem romana possui uma especificidade que vale a pena ser percorrida para que não tomemos o passado pelo futuro. A identificação que fazemos hoje, entre Roma e o Direito, ou entre Roma e sua Constituição se colocada sob a ótica de um "anacronismo controlado"[1].

O primeiro problema a ser colocado é o da distância entre a fundação de Roma no século VIII a.C. e os relatos que os próprios romanos fizeram deste acontecimento transmitidos via tradição oral quase

---

1 Tal prática tem como ponto de partida o reconhecimento de que o tempo presente é o mais eficaz dos motores da pulsão de compreender e o propulsor de perguntas. Assim, é preciso usar de anacronismo para ir à Roma Antiga, sob a condição de que o historiador assuma o risco de fazer justamente ao seu objeto perguntas que não sejam romanas e desfazer a ilusão puramente cultural de uma familiaridade. Esse mesmo anacronismo que Loraux usa para lidar com a Grécia, nós aplicaremos ao mundo romano. Cf. LORAUX, N. *A tragédia de Atenas*. São Paulo: Loyola, 2009.

quatro séculos depois. Somente a partir do século IV a.C., quando a Itália já estava unificada e forte, é que Roma, por meio de seus primeiros "historiadores", debruçou-se sobre seu próprio passado. Apesar de se cercarem de algumas fontes fixadas no século VI a.C., tais analistas incorporaram relatos lendários da mitologia grega e dos esquemas míticos indo-europeus. Segundo Michel Meslin[2] o resultado disso foi uma história significativa que devia explicar as causas da grandeza de Roma e justificar a sua vocação imperial. A lenda da fundação de Roma evoca os troianos e as relações entre o mundo grego e o italiano desde o segundo milênio. Certamente tais relações dizem respeito aos etruscos que, de fato, tiveram uma forte influência sobre a imagem que os romanos fizeram de si mesmos. Por hora, sabemos que eles surgiram na costa ocidental da Itália e penetraram pelo interior até o Vale do Pó e Mar Adriático, e nos séculos VI e V a.C. formavam um império que coligava diversas cidades e alguns portos marítimos. Por meio de escavações arqueológicas, também ficou comprovada a influência do estilo grego e de suas técnicas na arte etrusca. Porém, como veremos mais adiante, eles expressavam ali suas próprias crenças com figuras de deuses infernais e demônios que influenciaram a arte romana. Os etruscos eram aventureiros, mais piratas que comerciantes. Graças aos etruscos aliados aos cartaginenses, puderam conter o avanço grego em direção ao oeste e norte, mas jamais conseguiram expulsá-los do Mediterrâneo. Por terra, o domínio etrusco atingiu Roma e outras cidades do Lácio e na Campânia. Dinastias etruscas governaram Roma e segundo alguns estudiosos, Roma seria um nome etrusco, e depois de tomado o poder dos etruscos, inicia-se a história que percorreremos a seguir[3].

Este percurso da história romana não será apresentado de forma apenas cronológica, pois há questões extremamente importantes como as fronteiras entre o sagrado e o profano que envolvem sua visão de mundo; o caráter censitário e aristocrático que atravessa sua estrutura

---

2 MESLIN, M. *L'homme romain, dès origines au I siècle de notre ère*. Paris: Hachette, 1978.

3 Para os dados sobre as origens de Roma cf. tb. PETIT, P. *História antiga*. Rio de Janeiro: Bertrand Brasil, 1989.

social e política e; sobretudo, a ideia de preservação da tradição original e lendária da fundação da sua República que se modifica sem cessar. Aqui há um paradoxo, pois há tensões e lutas nesta história, mas todas elas dizem respeito à permanência de seus valores ancestrais, muitas vezes por diferentes caminhos.

Na história de Roma jamais se produziu uma ruptura que afetasse a ordem política e a ordem social. As intensas lutas entre a plebe e os patrícios modificaram somente a ordem político-social tradicional no sentido de preservá-la. Assim, a nobreza plebeia e a nobreza patrícia se fundiram uma na outra e a massa dos plebeus conquista alguns direitos, o que implica reforço da ordem aristocrática. Tal arranjo maleável de Roma diante das novidades com as quais tinha que lidar explica sua duração, mas ao mesmo tempo limita nossa compreensão, pois tudo ali acontece na *práxis* e não nas competências abstratas de cada órgão de sua política. A constituição e a realidade de Roma se interpenetram de tal forma, os fatores sociais penetravam por todos os lados a realidade política, que não podemos nem mesmo desprezar a importância que teve o clientelismo nas disputas eleitorais[4].

---

4 Para uma compreensão mais ampla entre a estrutura e a prática dos poderes romanos, cf. MEIER, C. *Introdución a La antropologia política de La Antiguedad clásica*. México: Fondo de Cultura Económica, 1985.

1
A fundação e expansão de Roma

Na época primitiva, a Península Itálica era originalmente habitada por povos chamados lígures e íberos de origem até hoje desconhecida, que ocupavam a parte norte-ocidental da Península Itálica. Mas o povoamento da Itália e da Europa era basicamente feito por povos conhecidos como indo-europeus desde o neolítico. Desses povos, foram os italiotas que ocuparam primeiro a região central, e eles se dividiam em úmbrios, latinos, samnitas e sabinos. Ao norte, a região da Toscana era habitada pelos etruscos, e, mais ao norte ainda, pelos gauleses ou celtas. Ao sul predominava a colonização grega, a chamada Magna Grécia que foi durante um longo tempo, junto com os etruscos, uma civilização bastante sofisticada. Os etruscos só tiveram sua escrita decifrada nos anos 50 do século XX e por ela sabemos que existiam 12 cidades unidas em uma confederação, das quais as mais importantes eram Tarquínia e Veios. Exploravam o ferro e o cobre e tinham uma agricultura realizada por escravos. Por outro lado, como já apontamos, seu comércio com os gregos, fenícios e cartaginenses tinha um traço de pirataria. As cidades possuíam governos autônomos em que os chefes detinham poderes políticos e religiosos. A união das cidades formava o Império Etrusco, cujo limite máximo aconteceu no século VI a.C. e abarcava ao norte a planície do Pó e ao sul a cidade de Nápoles.

Entre a Etrúria e o território dos samnios existia o Lácio, lugar onde a expansão etrusca sofreu sua derrota política, mas jamais cultural. Reza a lenda que no ano de 753 a.C. os gêmeos Rômulo e Remo foram salvos por uma loba, mas Rômulo matou seu irmão e tornou-se o primeiro rei de Roma. A ele seguiram-se outros seis reis e os últimos três eram de origem etrusca. O último rei de Roma foi Tarquínio, o Soberbo, que, em 509 a.C., foi deposto. Há controvérsias sobre o fim da supremacia etrusca em Roma por uma revolta violenta. A tradição admite que Tarquíneo tenha sido o último rei etrusco em Roma, mas há hipóteses de que ele foi retirado do trono por alguns nobres etruscos e latinos. Mas o que nos importa aqui é a evidência de que, a partir de fins do século VI a.C., Roma viveu sob uma Constituição de origem etrusca. A aristocracia vitoriosa, fortemente ligada às cidades latinas, não era nem puramente etrusca, nem romana. O aspecto mais importante é que do século VIII a.C. até o século VI a.C., com o fim do domínio etrusco, Roma viveu um período centrado no poder real que foi destituído para dar lugar à República.

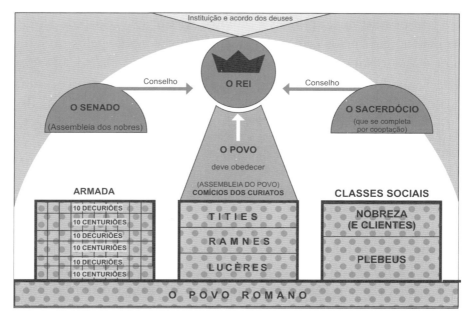

Ilustração 1 Estrutura do poder da realeza romana sob a dominação etrusca
Fonte: *Atlas Historique*. Paris: Stock, 1979, p. 70.

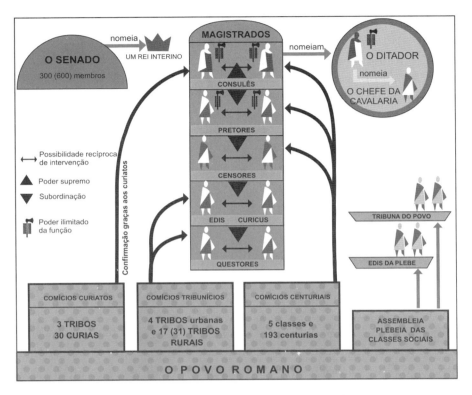

Ilustração 2 Estrutura do poder na República Romana
Fonte: *Atlas Historique*. Paris: Stock, 1979, p. 70.

É consensual que a expulsão da dinastia etrusca foi feita por uma Assembleia aristocrática que elegeu dois cônsules com amplos poderes civis, militares e religiosos e com mandatos de um ano. Um desses cônsules era o *potestas*, aquele que possuía poderes dentro da cidade e o outro era possuidor do *imperium*, um poder que era exercido fora do perímetro urbano de Roma e a ele cabia o comando dos exércitos. Havia uma *Assembleia Curiata*, constituída pelos patrícios e foi o maior centro político até o século III. Os patrícios eram os descendentes dos fundadores de Roma, eram os *patres* e a união de algumas dessas famílias constituía uma *gens* que formavam o senado e a *Assembleia Centuriata* constituída pelos soldados de todas as camadas sociais e o *senado*, o órgão máximo da República romana. A história do período republicano é atravessada pelos conflitos entre patrícios e plebeus que não possuíam a tradição dos fundadores, mas foram incorporados. Com a criação do *Tribunado da Plebe* podiam participar da política. Porém, a questão mais séria de Roma e que redundou numa crise e no fim da República foi fruto, sobretudo, das dificuldades que surgiram com a administração de sua conquista, de seu próprio império, como veremos adiante. Até aqui, há poucas alterações entre o esquema de partilha do poder entre a realeza romana e a república. A maior novidade é que, no lugar do rei, quem assume doravante as prerrogativas do poder é a *res*[5] *publica*.

Em 497 a.C., inicia-se a expansão territorial romana com o domínio do Lácio, mas o grande problema continuava sendo os etruscos, que ameaçaram a independência da cidade romana até 395 a.C., quando, enfim, Veios foi tomada pelos romanos. Por outro lado, no mesmo período, houve o ataque dos celtas ou gauleses e Roma teve que pagar por seu resgate. Com a conquista do Lácio, Roma formou uma confederação em que as cidades possuíam uma razoável independência nos negócios internos, porém em política externa estavam unidos à de Roma. Expandindo-se para o sul, Roma derrotou os samnitas entre 326 e 290 a.C. e aproximou-se da Magna Grécia, mas de modo pacífico. Somente a cidade grega de Tarento rebelou-se e pediu ajuda a Pirro, rei do Epiro. Porém, depois de algumas vitórias, Pirro foi derrotado em 275 a.C. e Tarento, três anos depois, foi tomada pelos romanos. A forma de dominação romana era variada entre diferentes situações político-administrativas. Existiam os "aliados" ligados a Roma por um tratado (*foedus*); havia prefeituras para as quais Roma indicava os governantes; e também municípios que tinham o direito de escolher seus magistrados.

---

5 *Res* em latim significa o que não é nada e, em primeiro lugar, o que possui algo. Sempre designa uma realidade invisível ou incorpórea e, neste sentido, pode mudar de acordo com os contextos. E a *res*, das quais as palavras são os sinais, são tão sensíveis quanto inteligíveis. Em Roma, a maior virtude é a própria ideia de República. Para nós modernos parece uma incongruência entender *res* como algo que é ao mesmo tempo inanimada e animada. Mas ao longo da história romana poderemos avaliar a permanência e ao mesmo tempo a impermanência dos traços da *res publica*. Cf. FONTANIER, J.M. *Vocabulário latino da filosofia*. São Paulo: WMF/Martins Fontes, 2007.

Quando os romanos tentaram dominar a Península Itálica, defrontaram-se com o imperialismo cartaginês que fora fundado na Tunísia por mercadores fenícios, chamados de *puni* pelos romanos. O primeiro choque entre romanos e cartaginenses aconteceu na Sicília, onde o domínio de Cartago era quase total. A ele apenas resistiram algumas cidades gregas da costa oriental. Uma delas, Siracusa, foi ajudada por Roma na luta contra Messina, apoiada, por sua vez, pelos cartaginenses. Este foi o pretexto que Roma e Cartago procuravam para desencadear a primeira guerra púnica que se deu entre os anos de 264 e 241 a.C. Os romanos sabiam lutar na terra, mas Cartago detinha o saber marítimo. Roma foi, então, obrigada a construir também uma poderosa frota, e com ela conquistou a Sicília, a Córsega e a Sardenha. Os cartaginenses aumentaram seu território com a conquista da Espanha e os romanos trataram logo de fazer alianças com as cidades gregas da costa espanhola, mas uma delas, Sagunto, foi tomada por Aníbal dando início à segunda guerra púnica de 218 a 202 a.C. Aníbal venceu esta guerra, mas não possuía tropas suficientes para tomar a cidade de Roma. Enquanto isso, em Roma, a mobilização era total. Um exército comandado por Públio Cornélio Cipião (o Africano) desembarcou próximo de Cartago e obrigou Aníbal a deixar a Itália para defender sua cidade. Enfim, Roma vence Cartago e começa a investir contra a Macedônia. Os romanos dominaram a Grécia a partir de 146 a.C. e neste ano chegava ao fim a terceira guerra púnica, fruto de uma breve recuperação de Cartago entre 149-146 a.C. No entanto, os romanos abateram novamente o território cartaginense, cujo solo foi salgado e considerado maldito pelo Senado Romano. Em 190 a.C. os romanos também tomaram a Síria e a *Pax Romana* impôs-se por toda a bacia do Mediterrâneo.

2

A helenização de Roma e suas lendas

Assinalamos, então, que desde o século VIII a.C., que é também quando se inicia a formação da Magna Grécia com a expansão dos gregos a partir da fundação de suas colônias, havia contatos entre gregos e etruscos. No caso da Itália, os gregos fundaram colônias no sul e na Sicília, e aqui surgem as hipóteses sobre o fundo da helenização de Roma por meio das ligações entre eles. No entanto, essa expansão etrusca no sul também sofreu resistência dos gregos e ainda dos samnitas e latinos que faziam parte da população italiana juntamente com os úmbrios e sabinos. Não devemos, neste caso, deixar de lado a importância dos samnitas.

Os samnitas viviam lado a lado com os gregos e lutavam para dominar a Campânia. Eles dividiam-se em tribos e viviam do pastoreio. Algumas dessas tribos organizavam-se em ligas que esporadicamente adquiriam bastante força. Os samnitas aprenderam muito com os gregos no curso dos séculos V e IV a.C. Aperfeiçoaram as armas, adotaram os métodos gregos de guerra, organizaram-se em clãs e começaram a construir cidades e fortificá-las. Tomaram as colônias gregas e conseguiram expulsar os etruscos de Cápua. A imposição de limites à expansão dos etruscos foi realizada, mas os samnitas não estavam suficientemente consolidados para substituir os gregos do ponto de vista da supremacia. As forças samnitas estavam divididas, cada clã se empenhava separadamente na luta contra as cidades gregas da costa. Tarento e Nápoles eram fortes e florescentes e assim mantiveram-se até sua absorção pelos romanos. Os samnitas também nunca conseguiram vencer os tiranos gregos de Siracusa.

Por outro lado, mas no mesmo sentido, a arqueologia mostra também, que os villanovianos, um povo anterior aos etruscos, transformou seu modo de vida sob duas influências: a da arte geométrica grega que se fundiu com os aspectos orientais dos invasores etruscos e os aspectos religiosos. A religião etrusca era fortemente marcada pelos terrores orientais, dos quais os gregos se afastaram com sua cosmogonia. Os etruscos concebiam um além-túmulo sinistro e violento que se aproximava dos babilônicos com seus monstros, sacrifícios sangrentos, divindades misteriosas e esverdeadas de asas abertas e de um Carun (Caronte) careteiro e armado com um martelo de duas cabeças. Mesmo depois da decadência dos etruscos, sua influência cultural continua após a conquista dos romanos. Eles deram a Roma as técnicas de construção, os esgotos, as abóbodas e o trabalho em bronze. No campo religioso, deram os segredos mágicos da orientação das cidades, da leitura do voo dos pássaros, modelos de templos com pódio, frontão encimado por altas estátuas, o gosto pelos ritos e pelo formalismo, bem como a exigência de colocar os atos da vida pública em acordo com os deuses por meio de presságios e auspícios. Apesar das dúvidas, não podemos negar que os etruscos foram os grandes propagadores da cultura grega na Itália. Eles conheciam o oráculo de Apolo de Delfos, e os deuses Dioniso e Afrodite.

Do ponto de vista das lutas por dominação, o poderio dos etruscos foi também combatido pelos latinos, outro povo italiota, cujos únicos rivais eram os volscos, équos e sabinos, tribos das montanhas apeninas, entre o Lácio e a Campânia, que lutavam por terras planas para a agricultura. Já o Lácio não parecia muito atraente nem aos etruscos, nem aos gregos do ponto de vista da dominação. As primeiras aldeias e as primeiras associações políticas se formaram nos montes do Lácio e não nas planícies. É provável que o local de Roma, protegido pelas encostas e pelos rios, fosse ocupado por pastores do Lácio e dos Montes Sabinos. Há também a hipótese da presença de duas povoações ali, uma dos latinos no Monte Palatino e outra de sabinos no Quirinal. Existe também a hipótese de que a Roma primitiva no Palatino fosse uma colônia de duas cidades latinas da vizinhança: Alba e Lavínio. Não sabemos quando latinos e sabinos, às margens do Rio Tigre, converteram-se em uma comunidade forte e unida. Como sinalizamos neste trabalho, a maioria das fontes de que dispomos são de origem grega e tentam aproximar a história de Roma e da Grécia, por meio da Guerra de Troia.

Os mapas podem nos ajudar na localização e distribuição das ocupações iniciais e na expansão e contatos possíveis entre os povos que foram mencionados (cf. a Ilustração 12: A expansão colonial grega – Magna Grécia, na Parte I deste livro, p. 67).

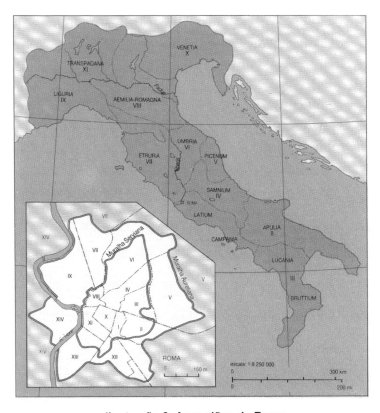

Ilustração 3 As regiões de Roma

Fonte: CORNELL, T. & MATTHEWS, J. *Roma, legado de um império*. Vol. I. Madri: Del Prado, 1996, p. 19 [Coleção Grandes Impérios e Civilizações].

As representações encontradas por arqueólogos trazem em terracota Enéas, um herói troiano, carregando seu pai Anquises nas costas. Essas representações procediam de Veios no final do século VI a.C. e atestam que foi por meio da Etrúria que Roma descobriu esse arquétipo da *pietas*[6]. Na imagem do filho sustentando o velho pai e transportando também seus deuses *penates*[7], depois do fim da Guerra de Troia, até a embocadura do Tibre, os romanos viram um tipo de herói que se tornaria o símbolo da piedade dos filhos para com o pai e dos romanos para com os deuses protetores da *gens* fundadora de Roma. Enéas torna-se o protótipo do pontífice romano que possui uma missão política e religiosa.

Segundo a lenda, Enéas desposou a filha do rei do Lácio e fundou Lavínio, e seu filho, Ascânio, deixou esta cidade para fundar Alba Longa, onde seus descendentes sucederam-se por 12 gerações. Rômulo, o fundador de Roma, foi o último deles. Segundo Meslin, o lugar concedido a essas duas cidades do Lácio na lenda das origens de Roma não é fortuito nem pura invenção. A descoberta de 14 altares arcaicos, assim como de inscrições votivas, perto de Lavínio confirma que se tratava efetivamente de um centro religioso onde os *penates* de Roma eram conservados e onde Eneias recebia um culto, sob a designação de *Pater*[8]. Mais tarde, na época republicana, todos os magistrados romanos, antes de obter o comando de sua província, dirigiam-se processionalmente em peregrinação ao berço da cidade.

Voltando à lenda, sabe-se que, ao longo das sucessões reais, Amúlio destronou seu irmão mais velho Numitor e obrigou sua sobrinha, filha de Numitor, a tornar-se *virgem vestal*[9], para que ela não tivesse descendência que pudesse mais tarde vingar seu avô. Miraculosamen-

---

6 A piedade. Neste caso, a piedade do filho para com seu pai.

7 Os deuses protetores do lar.

8 O pai, o poder paterno será sempre fundamental na história de Roma.

9 Virgem vestal era um grupo de sacerdotisas, discípulas da deusa Vesta e que mantinham aceso o fogo do lar.

te, porém, Reia Sílvia é fecundada por Marte e deu à luz dois gêmeos, Rômulo e Remo. Mas o destino de Rômulo correu o risco de não se cumprir e Roma por pouco não foi fundada. Abandonado com seu irmão gêmeo, Remo, por ordem de Amúlio, o usurpador do trono de Alba, Rômulo foi milagrosamente salvo das águas e descoberto nas margens do Tibre com seu irmão. Uma loba encontrou e alimentou os bebês. A salvação imprevisível e inesperada foi interpretada como signo de uma proteção dos deuses e marca do futuro grandioso de Roma. A gemealidade era também, em numerosas culturas arcaicas, um dom do céu, marca de penhor de abundância e fortuna.

Segundo Meslin, a cena de uma loba selvagem alimentando maternalmente duas crianças é cara ao mundo mítico romano. Esta cena seria oficializada para sempre com a construção, em 296 a.C., de uma estátua dos dois meninos mamando na loba, que se colocaria no *Comitium*, onde a assembleia do povo se reunia. O mesmo símbolo aparece no reverso dos primeiros didracmas romanos.

Ilustração 4 Escultura da Loba Capitolina
Fonte: CORNELL, T. & MATTHEWS, J. *Roma, legado de um império*. Vol. I. Madri: Del Prado, 1996, p. 52-53 [Coleção Grandes Impérios e Civilizações].

Rômulo e Remo restauraram o avô no trono de Alba, protegeram os pastores romanos e asseguraram, por meio da *confraria dos lupercos*[10], a purificação e a fertilidade das mulheres romanas. No entanto, os deu-

---
10 A confraria dos lupercos ficava no Monte Palatino e representava o culto a Pã e ao fauno Luperco.

ses tinham que escolher apenas um dos meninos para ser rei. Os signos celestes mostraram que apenas Rômulo deveria fundar Roma no solo Palatino. Remo, assim rejeitado, por zombaria e raiva transpôs o limite sagrado que seu irmão acabara de traçar e por isso foi assassinado.

A história de Roma começa, assim, por um fratricídio, um crime que a anamnese coletiva não deixaria de meditar, reconhecendo nele a prefiguração nefasta de todas as guerras civis. Instituía-se uma espécie de mácula original que pesava sobre os destinos da cidade.

Na verdade, Rômulo apenas agiu de acordo com os deuses que velavam pela unidade do espaço humano circunscrito, orientado e limitado por um só. Desta forma, Rômulo torna-se *Quirino* e Remo terá apenas uma morte humana. Somente Rômulo seria celebrado como um pai que trouxe os romanos à luz do dia, agora era ele *pater* e *genitor*. Sua superioridade fundava-se unicamente no auspício favorável. Tal autoridade divina serviu de protótipo justificativo da autoridade dos chefes políticos sobre eventuais rivais e as pretensões destes ao exercício do poder. De acordo com a lenda, Rômulo, para fundar Roma, abriu um buraco – *mundus* – na colina Palatina. Neste local já havia um culto do fogo, anterior ao templo de Vesta, uma construção redonda consagrada aos deuses dos mortos. Mais tarde esse culto foi transferido para o fórum romano, onde as virgens vestais se encarregavam de manter o fogo aceso. Os deuses dos mortos eram tão poderosos e letais que, se o fogo se apagasse por muito tempo, Roma pereceria. Esse pavor persistiu até a época de Adriano.

Para Meslin, diferentemente do mundo grego, a figura de Rômulo deixa perceber a que singular operação humanizante e de enraizamento comunitário a que Roma submeteu os grandes temas míticos. Neste caso, sinalizamos o Mito do Zarolho e do Maneta que reúne dois aspectos essenciais da teologia do poder político soberano: a magia e o direito.

Vemos tal questão na luta dos romanos contra os etruscos quando Roma foi cercada por Porsena, no fim da realeza etrusca. Dois romanos se destacaram nos campos da magia e da política. Cocles, o zarolho, conteve os etruscos com seu olhar mágico e Múcius Scaevola, o maneta, é detido pelas tropas etruscas. Quando conduzido perante o rei etrusco, afirma que deseja assassiná-lo e que era o primeiro entre 300 outros jovens romanos voluntariamente destacados para a mesma tarefa. Para provar o que dizia, ele sacrifica sua mão direita, a do juramento, queimando-a num braseiro. Porsena, cheio de admiração diante de tamanha coragem e convencido da verdade da ameaça, enceta negociações de paz. Assim, Roma foi salva pela coragem de dois de seus filhos.

A característica dos romanos é a historicização de seus mitos. Ao contrário dos gregos, o acontecimento salvador não se situa em um tempo primordial, extra-humano e a-histórico, e sim na própria história de Roma. Trata-se desde os começos da República Romana, da sociedade dos *patres* que aparecem adornados com as mais elevadas virtudes cívicas que se convertem em modelos a ser seguidos. Sem paralelo na história ocidental, encontramos a extraordinária visão antropocêntrica que os romanos atribuíram a seus ancestrais na criação de uma cidade com seus progressos, bem como nas suas instituições sociais, jurídicas e religiosas justificando seus ritos, seus costumes e suas leis. Assim, quando esse interesse por seu passado foi colocado, o homem romano interessou-se muito mais por sua cidade e pelo êxito de seus empreendimentos coletivos do que por uma origem do *cosmos*. Os romanos pensavam de acordo com categorias práticas e jurídicas, mas também de modo histórico e comunitário. Preocupavam-se, antes de tudo, com a eficácia; o que contava para eles era o regular, o codificável e o realizável. O que mais importava eram o momento presente e o imediatismo das ações.

Ainda que a história de Roma seja marcada por uma visão, sobretudo, política no sentido mais moderno do termo, ou seja, por golpes e tramas relativos à conquista do poder, há também aspectos bastante interessantes que podem explicar até mesmo a marca de tal historiografia. Neste sentido é que apostamos no trabalho de Michel Meslin para oferecer outras possibilidades de compreensão das origens de Roma e dos limites de suas conquistas.

Para Meslin, a primeira unificação política de Roma, ainda pelos etruscos, realizou-se pela instauração de um regime monárquico. As divisões da realeza romana entre tribos, centúrias, superpôs-se à antiga estrutura gentílica e familiar da sociedade para criar uma ordem unitária. Era preciso a realização do desígnio monárquico que a lenda reafirmava. O termo *rex,* rei, não diz respeito apenas a um tipo de poder ou as funções exercidas pelo rei. Diz também das estruturas da sociedade a ele ligadas. Assim, a base semântica do conceito de *rex* evoca termos conexos como *rego, regere, regnum, reg-ina* que dão a ideia de uma direção assegurada em linha reta, uma *reg-ula*. Vemos aqui as limitações que provocam os conceitos modernos quando aplicados a sociedades que não estão no mesmo regime de partilha.

Neste sentido, a análise de Meslin aponta a ligação fundamental que existe entre o exercício dos poderes políticos e religiosos e a organização do espaço. A primeira missão do rei é, neste caso, menos comandar forças políticas e militares que a de fixar regras, de determinar o que é direito, em seu sentido próprio: direito como uma linha que se traça. Antes de ser moral, o direito traçado seria material. Toda uma estrutura de pensamento revela-se, pois, em torno da instituição monárquica, numa oposição entre o que o *rex* definiu como *rectus,* como direito, e o que é torcido, pérfido e mentiroso.

Como essa concepção inicial de *rex* e do poder está presente em toda história romana, vale a pena desenvolvê-la nos termos de Meslin. Essa noção material de um homem que marca linhas e delimita zonas é muito rica na aplicação que os romanos fizeram do conceito. Traçar limites, *regere fines,* aparece como um ato fundamental do rei, visto que lhe permite delimitar o espaço sagrado de uma cidade, de um templo, bem como definir um território nacional e, em consequência, por diferença, o do outro, do estrangeiro, do *hostis,* hostil. Ela é carregada de valores religiosos, o rei assume uma função de sacerdote soberano.

A partir desta concepção não podemos acreditar que os habitantes da Roma antiga eram grupos socialmente desorganizados que vieram a se associar por evolução, criando um novo tipo de instituição, a realeza. Ao contrário, eles chegaram, depois de longas migrações, trazendo a herança de uma estrutura política suprafamiliar, de um poder monárquico que reunia no mesmo homem poderes de organização social e religiosa e que, sob a pressão de acontecimentos históricos locais, como a influência etrusca, realizaram um tipo de governo relacionado à tripartição do poder: o religioso, o defensivo e o alimentar.

Esse rei romano dirige homens que não o elegeram e não controlam sua ação soberana, pois ela ultrapassa a sua pessoa, torna-se uma *potestas*. Ele não é um tirano, pois a tirania implica revolta ilegítima de um indivíduo contra o princípio da igualdade (*isonomia*) de todos os cidadãos de uma cidade. A realeza romana não surgiu assim como reação contra um regime de cidade-estado antigo. Não é obra do orgulho ilegítimo de um só indivíduo; procede de valores eminentemente religiosos. Ela inscreve-se como a realização política da função jurídico-religiosa de soberania. O *rex*, o melhor dos homens, é indicado pelos deuses e assegura a ligação indispensável com o mundo dos deuses, para maior proveito da cidade. Mas a lei, ditada pela assembleia dos cidadãos, manifesta, ao criar o rei, o reconhecimento humano da vontade divina. Se os deuses, consultados pelos homens, designam-lhes um rei, é para que este mantenha a *pax deorum*, o acordo divino indispensável. O rei é também áugure e, como tal, deve reforçar continuamente a vida da comunidade. Ele jamais comanda de modo absoluto. Como no mundo arcaico dizer o direito é função real e sagrada, pois ao dar solução de direito, *jus dare*, a problemas colocados pela vida em comum, o rei faz o direito. No mundo grego, Hesíodo canta exatamente a falência quando os reis que deviam assegurar o melhor para a comunidade tornam-se venais e é preciso recorrer, então, à *Diké*.

Há em Roma um vínculo estreito entre direito criminal e o sagrado. O exercício desse poder do rei, de seu direito divino *fas*, não se superpunha a um direito humano, ao *jus*. Nenhum ser poderia existir sem referência a uma ordem superior. Ao mesmo tempo, o *jus* delimita a área de pretensão legítima de cada um em relação a essa ordem das coisas. O *jus* de cada um esbarra no *jus* de outrem. Do confronto e da regulamentação desses múltiplos embates é que nascerá o direito. O direito manifesta os nexos que ligam os homens entre si e estes com os deuses.

Tal concepção só é separada bem mais tarde por Cícero e pelos modernos. Assim, mesmo na *pólis* grega há uma complementaridade entre eles, o que aproxima esses mundos quando avaliados sob tal ótica. Não devemos jamais esquecer as molduras que sustentam e estruturam a vida mental, individual e coletiva, e que determinam modos de pensar como representações religiosas.

Outra questão importante em Roma é a noção de *fides* que possui um significado religioso de repressão à falta de palavra e que no mundo grego corresponde à *Pistis*, a confiança. Em Roma, *fides* como boa-fé, também laicizou-se, passando a cobrir um campo de obrigações e não mais apenas a lealdade. Esse deslocamento certamente desempenhou um papel importante na criação de uma moral social.

Em Roma, o costume, *mos*, um modo de vida particular que, em princípio, deveria ser condenado diante da comunidade, foi absorvido pela ideia pluralizada de valores gerais, *mores*, que definiam um tipo de homem e de comportamento social. Tal concepção estabilizou-se de tal modo que *mores* voltou a singularizar-se, mas como signo de um grupo, de uma herança dos ancestrais. Assim, *mos* assumiu uma acepção coletiva que chegou ao *mos majorum*, ou seja, princípios tradicionais de organização social que não poderiam ser subvertidos por qualquer um. O próprio rei devia respeitar esses costumes ancestrais. Com bastante frequência a lei iria fundar-se no *mos* como num princípio de legitimidade indiscutível e imprescritível.

Os romanos como pragmáticos, concretos, processualistas e conservadores minuciosos, segundo Meslin, como a história tradicional nos mostra e os idealiza, não resiste à analise destas noções fundamentais de governo, direito, boa-fé e de costume. Aquilo que nós qualificamos de abstração, o mais das vezes não passa de uma operação mental de classificação ou de diferenciação, como um modo de reflexão concreto e um meio de se apossar do mundo. Para Meslin, não seria diferente o caso de Roma, de que poderíamos facilmente extrair múltiplos paralelos fecundos com determinados comportamentos das etnias malgaches ou africanas da atualidade.

A nosso ver, somente quando a historiografia se renova neste sentido apontado por Meslin é que podemos pensar em construir novas possibilidades de conhecimento, mas, sobretudo, de diálogos neste mundo "globalizado" no qual não é mais possível a centralidade da cultura ocidental, com sua concepção de progresso e civilização.

1 Templo de Portunus, mais conhecido como templo de Fortuna Virilis, século I a.C.

2 Forúm de César, 46 a.C.

3 Templo A do complexo monumental do Largo Argentina, século III.

4 Ponte Fabrício, 62 a.C.

5 Ponte Mílvia, 109 a.C.

6 Fórum Romano, 80 a.C., e reconstruído por Júlio César em 44.

7 Templo de Vesta no Fórum Romano, período imperial.

Ilustração 5 Imagens da Roma republicana

Fonte: CORNELL, T. & MATTHEWS, J. *Roma, legado de um império*. Vol. I. Madri: Del Prado, 1996, p. 89 [Coleção Grandes Impérios e Civilizações].

161

3

O sagrado e o profano nas origens de Roma

Voltamos, desta forma, nossa reflexão sobre a história de Roma pensando sobre a capacidade de inovação com conservação, que pode explicar como Roma continuou ao mesmo tempo idêntica a si mesmo e ao mesmo tempo muito diferente e distante de suas raízes. O estudo das origens de Roma leva-nos a uma curiosa mistura de duas características aparentemente irreconciliáveis no campo religioso que, como apontamos, é impossível ser separado dos outros campos que nós naturalizamos como político, social, econômico etc. sem questioná-los. Neste caso, nosso estudo nos leva às fontes da religião romana e ao começo de uma história religiosa que durou mais de mil anos. As duas características são de um conservadorismo profundamente arraigado e de uma prontidão constante em assimilar no próprio culto, uma após outra, as novidades de religiões estranhas[11].

Os tabus e práticas de inspiração mágica surgem repetidamente na vida romana, conferindo muita importância ao campo do sagrado. Em toda a parte a religião pressupõe uma oposição entre a vida natural, ordinária e um campo dominado pelo temor e pela esperança. O sagrado é a ideia-mãe da religião, os mitos, e os dogmas analisam-lhe o conteúdo de vários modos. Os ritos utilizam-lhe as propriedades e a moralidade religiosa deriva dela. Os sacerdócios incorporam-na e os santuários, os lugares sagrados e os monumentos religiosos, fixam-na

---

11 Para o desenvolvimento desta questão vamos dialogar com: BLOCH, R. *Les origines de Rome*. Paris: Presses Universitaires de France. • CALLOIS, R. *O homem e o sagrado*. Lisboa: Ed. 70, 1988.

ao solo, enraízam-na. Neste sentido, a religião seria a administração do sagrado e o direito, a administração do profano. No entanto, nem sempre esses mundos foram tão delimitados, o que podemos perceber na história dos gregos e romanos que propomos.

O sagrado pertence, como uma propriedade estável ou efêmera, a certas coisas como aos instrumentos de culto; pertence também a certos seres como o rei e os sacerdotes; pertence a certos espaços como templos, igrejas, bosques, lugares régios e a certos tempos como o das festas religiosas, a certos dias etc. Porém, tudo aquilo que pode ser consagrado pode também ser dessacralizado.

O objeto consagrado suscita sentimentos de pavor e veneração; apresenta-se como interdito, ou seja, aquilo de que não nos aproximamos sem morrer. O sagrado também impõe a noção de contágio, daí o cuidado de afastar de um lugar consagrado tudo o que pertence ao mundo profano. A presença de um ser profano é suficiente, nestes casos, para afastar toda uma possível bênção divina. Inúmeros exemplos poderiam ser citados neste sentido tanto entre os gregos quanto entre os romanos. Por ora basta-nos pensar no lugar dos criminosos, nas vinganças de sangue e no poder do contágio que a luta pela construção de direito dos homens tenta minimizar.

Ilustração 6 Panteão em Roma

Fonte: SENNETT, R. *Carne e pedra*. Rio de Janeiro: Record, 1997.

Sagrado e profano não podem se aproximar e ao mesmo tempo preservar a sua natureza própria. Por outro lado, ambos são necessários ao desenvolvimento da vida: o profano como o meio em que ela se desdobra e o sagrado, como a fonte inesgotável que a cria, que a mantém e que a renova. Estes dois mundos se definem rigorosamente um pelo outro e, ao mesmo tempo, excluem-se, supõem-se e complementam-se.

O sagrado é fonte de socorro, de todo êxito, mas também inspira terror e confiança. As calamidades e as vitórias e prosperidade são relacionadas com determinado princípio que pode ser vergado ou coagido. Desta maneira, podemos entender a história de Roma não com nosso individualismo calculista e utilitarista, mas inserida em profundas crenças que não podem ser separadas da concepção do sagrado e do profano.

Somente Rômulo foi celebrado como o pai que trouxe os romanos à luz do dia, foi *pater et genitor*. Sua primazia fundou-se unicamente no auspício favorável e, por isso, de acordo com Meslin, ela pôde servir de protótipo justificativo da autoridade dos chefes políticos. Bem mais tarde, quando Otávio veria 12 abutres passarem no céu do Palatino, onde se apressaria em estabelecer-se quando enfim a paz na terra retornasse, poderia reconciliar o "Quirite com seu irmão Remo". O resultado mais curioso, ainda segundo Meslin, seria a piedosa iniciativa, na época agostiniana, destinada a desculpar Rômulo pela morte do irmão. Essa verdade era tão forte que o herói fundador de Roma jamais deixaria de funcionar como um arquétipo que a lenda das origens de Roma legou à meditação dos candidatos ao poder pessoal. Para além do exemplo romano, a guerra dos gêmeos como protótipo da violência está presente desde Caim e Abel, como apontou James Frazer[12].

É também importante o que os latinos chamavam de Genius ao deus a que todo homem é confiado sob tutela na hora do nascimento. Segundo Agamben[13] o dia do nascimento era sagrado. Os presentes e os banquetes com que festejamos o aniversário são uma lembrança da festa e dos sacrifícios que as famílias romanas ofereciam ao Genius. Ori-

---

12 FRAZER J. *O ramo de ouro*. Rio de Janeiro: Zahar, 1982.

13 AGAMBEN, G. *Profanações*. São Paulo: Boitempo, 2007.

ginalmente só havia incenso, vinho e cucas de mel, porque Genius, o deus que preside ao nascimento, não gostava de sacrifícios sangrentos. Hoje ainda há o termo *ingenium*, que designa a soma de qualidades físicas e morais inatas de quem está para nascer. Genius era, de algum modo, a divinização da pessoa, o princípio que rege e exprime a sua existência inteira. Por esse motivo, nos momentos de desânimo, quando parece que quase nos esquecemos de nós mesmos, levamos a mão à cabeça. Dado que esse deus é o mais íntimo e próprio de cada um de nós, é necessário aplacá-lo e tê-lo bem favorável sob todos os aspectos e em todos os momentos da vida. Fraudar o próprio gênio é tornar triste a própria vida, ludibriar a si mesmo. Para compreendermos a diferença daquilo que nós apontamos como "eu", é significativo pensar que a concepção de homem implícita em Genius equivale a compreender que o homem não é apenas o EU com sua consciência individual, mas que, desde o nascimento, ainda segundo Agamben, até à morte, ele convive com um elemento impessoal e pré-individual. O homem é, assim, um único ser com duas faces. A vida viria da dialética entre uma parte (ainda) não identificada ou vivida e uma parte já marcada pela sorte e pela experiência individual.

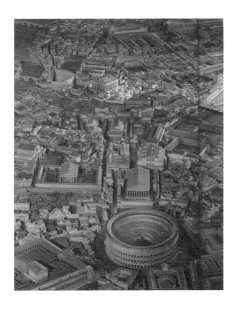

Ilustração 7 A cidade de Roma
Fonte: *National Geographic Magazine*, vol. 192, n. 1, jul./1997, p. 16.

Seria neste caso aquilo que os gregos e posteriormente Santo Agostinho marcariam como nossa consciência temporal, ou seja, vivemos sempre entre aquilo que já foi e aquilo que ainda não é. Há neste intervalo aquilo que podemos chamar de angústia, alegria, segurança ou temor. Enfim, é a condição humana que os antigos jamais deixaram de lado, ou seja, o ser e também o não ser sempre possível. Neste caminho vamos estudar agora a expansão da República romana sem esquecer que a construção da cidade ou de qualquer prédio envolviam forças para além do cálculo e da técnica. Neste caso, o próprio desenho da cidade obedece a determinados critérios que são difíceis para o nosso modo racional de pensamento dar conta.

Os romanos atribuíram a seus próprios ancestrais a criação de sua cidade, bem como de suas instituições sociais, jurídicas e religiosas. Quando debruçamos sobre seu passado, vemos que Roma inventou uma epopeia "nacional", criou-a incorporando nela valores cujo papel eram precisamente o de justificar ritos, costume e leis. São relatos muito humanos, pois, assim que interrogou seu próprio passado, o homem romano interessou-se mais por sua cidade, pelo êxito dos empreendimentos coletivos e por sua organização do que por uma cosmologia atemporal.

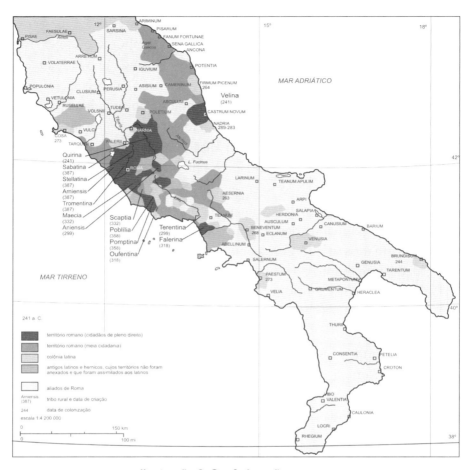

Ilustração 8 Confederação romana

Fonte: CORNELL, T. & MATTHEWS, J. *Roma, legado de um império*. Vol. I. Madri: Del Prado, 1996, p. 41 [Coleção Grandes Impérios e Civilizações].

4
A crise social de Roma e os Gracos

Vimos, assim, que, com o crescimento da cidade, os romanos, inevitavelmente, entraram em choque com seus vizinhos, porém souberam impor-se pelas artimanhas do sagrado e do profano. Certamente as conquistas aumentaram de forma extraordinária o potencial financeiro de Roma por meio de saques, de tributos cobrados aos vencidos e da exploração de novas minas. Isto permitiu o desenvolvimento de uma economia monetária e do comércio, além da necessidade da abertura de vias de comunicação entre as províncias conquistadas e Roma.

Um texto de Plutarco[14] descreve com espanto a chegada de Paulo Emílio, o conquistador da Grécia em 168 a.C. como podemos acompanhar:

> O primeiro dia apenas bastou para as estátuas cativas, os quadros, os colossos trazidos por duzentas carretas. No dia seguinte passam, em grande número de carretas, as armas mais belas e ricas dos macedônios; depois três mil homens carregam a prata amoedada em 750 vasos com peso de 90 quilogramas seguros por quatro homens. No terceiro dia, atrás de cem bois destinados ao sacrifício, caminham os que trazem ouro amoedado [...]. Após esse grupo, vêm quatrocentas coroas de ouro enviadas a Paulo Emílio pelas cidades com deputações. Finalmente aparece o triunfador num carro magnificamente ornamentado. Com o loureiro na mão chega, chega todo o exército, atrás do carro do general, cantando alternadamente hinos nacionais misturados com gracejos satíricos e com cantos de vitória em honra a Paulo Emílio.

---

14 Plutarco (45-125 d.C.) foi um historiador grego que escreveu muitas obras. Dentre elas destacamos *Moralia* e *Vidas paralelas* em que compara estadistas gregos e romanos.

Enfim, Roma teve o mérito, que não coube a Atenas, de conseguir, sem destruir suas instituições, organizar ao seu redor imensos territórios conquistados a partir da Itália. Essas mudanças trouxeram alterações para a nobreza senatorial que estava no auge de seu poder. Com as conquistas ela aumentara consideravelmente suas terras e escravos. Porém, na outra face da mesma moeda surgiam "homens novos", os cavaleiros ou *équites* que, de origem plebeia, enriqueceram pelo saque das conquistas, pelo fornecimento de víveres às legiões, pela cobrança de tributos e pela expansão do comércio. Porém, em decorrência das guerras de conquista e de povos conquistados, a camada que mais aumentou foi a dos escravos. Estes se dividiam em dois grupos: os escravos domésticos e os artesãos, geralmente gregos, que viviam nas cidades ou como preceptores nas casas das grandes famílias romanas, onde ensinavam artes, literatura e filosofia. Os outros escravos eram explorados nos latifúndios, nas minas ou nos serviços públicos. Tal crescimento foi uma das causas da situação cada vez mais crítica dos pequenos proprietários. Os produtos de suas pequenas propriedades não podiam concorrer com os dos latifúndios que se apoiava no trabalho escravo. Seus cereais também não podiam concorrer com os provenientes da Sicília. Por isso tiveram que vender suas terras aos grandes proprietários e emigrar para as cidades, onde passaram a engrossar a plebe, ou seja, a camada que vivia da proteção do Estado ou das grandes famílias a quem prestavam fidelidade política.

Desta forma, não devemos esquecer que o funcionamento de Roma, ao longo dos tempos da expansão, teve como fundamento a instituição da escravidão e do latifúndio. Na lógica do movimento histórico observamos a mesma questão sob outro ângulo, ou seja, inicialmente, como no mundo grego, a nobreza patrícia tal qual a nobreza grega, concentrara a propriedade da terra em suas mãos ao mesmo tempo em que reduziam os camponeses livres, mas pobres, à servidão por dívidas e apropriava-se de suas terras comuns que serviam para o pastoreio e o cultivo de subsistência. Os Irmãos Gracos[15] tentaram

---

15 Tibério Graco até denunciou o empobrecimento dos pequenos camponeses dizendo, por meio de Plutarco, que: "Os homens que combatem e morrem pela Itália têm o ar e a luz, mas mais nada... Lutam

conter o aviltamento crescente dos camponeses no século II a.C., mas o domínio político da nobreza impediu que tal situação fosse revertida como acontecera na *pólis* grega de Atenas por meio da reforma hoplita. Em Roma, os *assidui*[16], mesmo lutando para a preservação de suas pequenas propriedades, jamais conseguiram estancar a concentração da propriedade agrária nas mãos da nobreza. Abaixo deles ainda existiam os *proletari*, que eram cidadãos sem qualquer propriedade e cujo serviço ao Estado consistia meramente em criar filhos (*proles*). Segundo Anderson, a crescente monopolização da terra pela aristocracia romana levou a uma diminuição dos *assidui* e a um aumento dos *proletarii*. Além disso, o expansionismo militar de Roma tendia também a estreitar as fileiras dos *assidui*, que forneciam recrutas ao exército. De acordo com Anderson, o resultado foi que, já no final do século III a.C., os *proletarii* eram a maioria absoluta dos cidadãos e tiveram de ser chamados para lutar contra Aníbal. Dentro da lógica do *census*, o requisito de propriedade dos *assidui* foi duas vezes reduzido até chegar, no século seguinte, a um mínimo de subsistência na terra.

Diferentemente dos camponeses gregos atenienses que foram incorporados na cidadania, os pequenos proprietários italianos foram empurrados para terras pantanosas ou montanhosas que pouco interessavam aos proprietários fundiários. Enquanto o campo, segundo Anderson, cobria-se de grandes domínios senhoriais, com trabalho de escravos capturados na lógica da expansão, a cidade de Roma povoava-se de uma massa proletarizada que aceitava ser manipulada por claques aristocrá-

---

e perecem para sustentar a riqueza e o luxo dos outros, mas, embora sejam chamados senhores do mundo, não têm um único torrão de terra que seja seu" (PLUTARCO. *Tibério e Caio Graco*, IX, 5, apud ANDERSON, P. *Passagens da Antiguidade ao feudalismo*. Porto: Afrontamento, 1982, p. 60). Tibério, ídolo dos camponeses, foi linchado por uma multidão urbana por chefes de clientela senatoriais.

16 *Assidui* eram camponeses que possuíam o requisito mínimo de propriedade para se armarem a si próprios e, desse ponto de vista, podemos pensar na equivalência entre eles e os *hoplitas* gregos. Porém, em Roma eles não se consolidaram como uma classe dependente dos grandes proprietários e, desta forma, nas circunstâncias de endividamento rural, não constituíram uma força de trabalho disponível. Cf. ANDERSON, P. *Passagens da Antiguidade ao feudalismo*, Porto: Afrontamento, 1982, p. 59-60.

ticas contra projetos de reforma agrária apoiados pelos agricultores *assidui*, como vimos anteriormente. A distribuição pública de cereais acabava sendo um substituto barato da distribuição de terras que nunca chegou a acontecer.

Veremos a seguir as possibilidades de compreensão de tamanha conquista à luz da historiografia. Para tal, é importante um olhar sobre o funcionamento interno da cidade e sua capacidade ou necessidade de expansão.

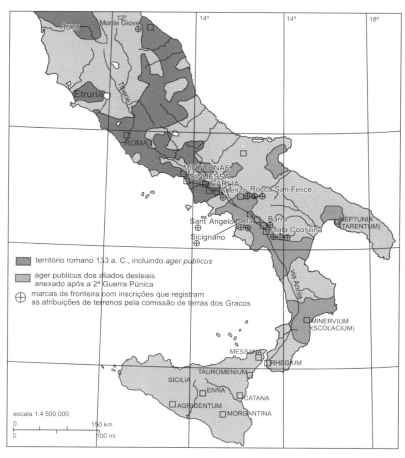

Ilustração 9 As reformas agrárias dos Gracos

Fonte: CORNELL, T. & MATTHEWS, J. *Roma, legado de um império*. Vol. I. Madri: Del Prado, 1996, p. 57 [Coleção Grandes Impérios e Civilizações].

Retomando alguns pontos já assinalados, salientamos que somente após o século IV a.C. é que Roma se dedicou a uma economia de trocas. Sua sociedade era marcada inicialmente pelo predomínio da riqueza fundiária e pelo antagonismo inicial entre patrícios e plebeus que se diluiu com a formação de uma nobreza dirigente, a *nobilitas* romana. Frente a essa classe estava a plebe rústica formada por pequenos proprietários cidadãos e por soldados. Ambos os grupos, por motivos distintos, estavam descontentes com a expansão romana em função de endividamentos e perda de suas terras. Os camponeses queriam beneficiar-se do *ager publicus*, ou seja, a terra da cidade que, afinal, ajudavam a conquistar e os soldados queriam após a desmobilização, retomar suas terras.

Por outro lado, o envolvimento dos "aliados" de diversos tipos nas conquistas de Roma era problemático, uma vez que o senado implantava colônias latinas nos territórios conquistados, o que implicava, segundo Bordet[17], um afastamento desses aliados com relação a uma cidadania romana plena. O problema tomou vulto, de fato, quase um século mais tarde, quando surgiu o movimento por uma democracia agrária liderada pelo tribuno Flamínio em 232 a.C.

Certamente as conquistas de Roma a tornaram rica e poderosa, mas não é esta, aqui, a questão mais importante, pois, a partir do cenário já desenvolvido, torna-se necessária a compreensão das consequências e mesmo das causas de tamanha conquista. Por isso vamos agora apresentar o funcionamento da República romana no sentido da relação de seus cidadãos com a cidade e com os outros cidadãos.

O cidadão romano, segundo Nicolet[18], só passava a existir quando a coletividade tomava conhecimento de sua realidade física e biológica por intermédio de uma declaração que também definia todas as suas particularidades: sexo, idade, filiação, *gens* e família. Sua situação quanto ao direito privado, seu domicílio, a tribo a que pertencia e o montante de suas posses. A partir dessas informações o cidadão ganhava um lugar no organismo complexo que era o sistema censitário e que

---

17 BORDET, M. *Précis d'histoire romaine*. Paris: Armand Colin, 1969.

18 NICOLET, C. *Le métier de citoyen dans la Rome republicaine*. Paris: Gallimard, 1976.

determinava sua posição social e sua dignidade. Tal classificação baseava-se nos três aspectos essenciais da vida do cidadão: o militar, o fiscal e o político. Como soldado, contribuinte ou beneficiário da assistência estatal e eleitor, o romano, em cada etapa de sua vida, devia lembrar-se de que era um *civis*, ou seja, membro de uma coletividade que não existia senão por ele e para ele. Vimos com detalhes essa questão nas origens de Roma em que o quadro de reciprocidade era equilibrado. Existiam assembleias do povo, conselhos e magistrados eleitos ou sorteados. Havia a prudência e as regras de obediência que sempre davam a esperança de uma reciprocidade na ocupação política. Mas Roma não é o mundo grego no qual parece que havia, de fato, uma solidariedade entre as camadas médias. Para incentivar e fazer frutificar essa solidariedade era preciso uma teoria da responsabilidade dos cidadãos e o desenvolvimento de uma percepção de que talvez eles fossem realmente capazes, até mais que os nobres, de zelar pelos interesses das cidades. Com esta questão dos gregos, ultrapassava-se o mundo da necessidade relativo ao *oikós* e adentrava-se à esfera da comunidade política, na qual todos os cidadãos eram livres porque iguais perante as leis.

Talvez seja conveniente situar a originalidade da formação da *pólis* grega num contexto mais amplo para contrastá-la com Roma. No mundo grego a ordem antiga dos heróis míticos foi gravemente abalada e questionada, as liberdades novas se ofereciam à ação e ao pensamento humano por meio das *poleis*. É nisto que o mundo grego difere do romano, pois este jamais conheceu uma reviravolta tão profunda de sua ordem: pelo contrário, em Roma, as classes dirigentes puderam consolidar sempre e sempre a sua preeminência por meio do costume (*mos*). O corpo cívico tinha como principal referência a aristocracia que detinha a guarda das coisas públicas. Em Roma, cada um devia procurar se fazer reconhecer e encontrar seu lugar no quadro de uma ordem preestabelecida, de preferência na ordem militar ou nos sistemas particulares. Ainda mais que era por este caminho conjunto, que crescia sem cessar, que Roma se tornou uma *Respublica*. A sociedade ali sempre permaneceu extremamente hierarquizada. Por outro lado, entre os gregos, a diferenciação social de seus papéis foi muito limitada. O vasto campo de ação que se abria diante deles serviu, de início, para o acréscimo de novas *poleis* de tipo tradicional cujas populações eram basicamente agrárias.

Salientamos que, na Grécia, a disparidade de riquezas jamais instalou diferenças de classe ordenadas centralmente por um chefe monarca. Pelo contrário, entre os gregos tal evolução fortaleceu a coesão entre os cidadãos. Eles realmente se sentiam pertencendo a uma comunidade comum e superior a todos. A vida em comum conservava a estrutura antiga; os antigos valores seguiam as instituições arcaicas como a assembleia do povo ou o desejo de autarquia. Por tudo isso havia uma igualdade potencial entre os cidadãos a partir da repartição concreta dos direitos e deveres[19]. Os cidadãos eram iguais somente na política pela isonomia; já no mundo "privado" do *oikós* eles não eram iguais, e por isso mesmo não usufruíam da liberdade que só a política sustentava.

Em Roma, com a expansão, houve também mudanças na vida moral não da aristocracia que continuava fiel ao *mos majorum*, mas nos "novos homens" que abalavam a tradição de austeridade dos primórdios da República. Eles procuravam luxo e requinte e a vida familiar vulgarizava-se com adultérios e divórcios. A antiga religião ligada ao culto dos antepassados era, aos poucos, substituída por uma série de cultos orientais e gregos como as escolas filosóficas do período helenístico. Tito Lívio, em sua *História de Roma*, dizia que em 190 a.C. o irmão de Cipião, o Africano, foi combater o rei da Síria e voltou com o luxo estrangeiro. Pela primeira vez em Roma havia leitos com incrustações de bronze, cobertores preciosos, tapeçarias e tecidos de valor. Para as festas mandavam buscar tocadores de cítara e comediantes. Até o cardápio mudara, com a inclusão de alimentos exóticos.

Contra tudo isso, diversos líderes romanos se revoltaram. Catão, o Antigo, censor que encabeçou a luta pela destruição de Cartago, lutava no senado pela aprovação de leis contra o luxo e pela restauração das antigas práticas religiosas. Como vemos, essa questão, no mundo

---

19 MEIER, C. *La naissance du Politique*. Paris: Gallimard, 1995.

grego é imediatamente "sanada" pela ideia de medida, de discernimento e prudência diante da riqueza e das paixões ilimitadas. No plano político, em 195 a.C., Tibério e Caio Graco, nobres e netos de Cipião, o Africano, vencedor de Aníbal e filhos de Cornélia, foram bem mais radicais do que Catão na luta contra a desmedida.

Em Roma havia diferenças marcadas e hierarquizadas entre governantes e governados a partir de uma complexa rede de enquadramento que o *census* definia. Roma era uma cidade censitária; nem todos tinham o mesmo direito nem a mesma oportunidade de alcançar as magistraturas. A primeira magistratura – a *questura* – abria a carreira das honras. Para pertencer a esta primeira classe censitária era necessário preencher determinados quesitos ou figurar entre aquilo que os censores consideravam como dignos de servir na cavalaria. Não se podia disputar o menor cargo político antes de se ter cumprido os 10 anos de serviço equestre.

A única exceção, segundo Nicolet, talvez acontecesse no tribunado da plebe, pois são provas que tornam evidentes tais restrições. Mas, na prática, o recrutamento dos magistrados e senadores era ainda mais restrito, já que uma tendência à hereditariedade se manifestou constantemente desde as origens da República. Havia, assim, uma distinção acentuada entre a minoria de famílias e cidadãos que participavam da totalidade da vida cívica e a massa, cuja esfera de participação política era infinitamente mais restrita, limitando-se ao serviço militar, às contribuições financeiras ou às distribuições e, afinal, a admissão nos *comitia*. O conselho público, que eram o senado e as magistraturas, escapava-lhes quase por completo. Certamente, todas essas prerrogativas não nasceram em 509 a.C. com a República, mas foram, sim, consolidadas com as leis Pórcias e aperfeiçoadas com os Gracos.

Eles defendiam os pequenos proprietários com a "Lei Agrária". Tibério Graco dizia que os animais selvagens tinham cada um a sua toca, o seu covil, mas aqueles que combatiam e morriam pela Itália erravam com suas mulheres e filhos. Dizia também que os generais mentiam nas batalhas ao animarem os soldados a combaterem um inimigo para a defesa dos túmulos e lugares santos de culto, pois, entre tantos romanos, não havia um que possuísse um altar familiar, uma tumba de antepassados. Guerreavam e morriam unicamente para o incremento do luxo e da opulência dos ricos; os senhores do mundo e para eles, os que lutavam, não sobrava uma nesga de terra. A Lei Agrária determinava que a posse de terras seria limitada a 310 acres e que deveriam ser distribuídas terras aos que delas necessitassem e não poderiam vendê-las. Certamente a oposição do senado foi cada vez mais violenta. Como o povo queria que Tibério fosse reeleito tribuno e como tal prática era proibida, o senado acusou-o de traição e acabou por ser assassinado. Dez anos depois, em 123 a.C., Caio Graco, irmão de Tibério, tentou novamente restaurar a Lei Agrária e ainda tentou propor a Lei do Pão ou Frumentária. Por um projeto seu a administração da justiça foi retirada das mãos da nobreza senatorial e confiada à classe dos cavaleiros, que se formara com a expansão romana. Além disso, ainda tentou ampliar a cidadania romana para os italianos, mas não foi apoiado pelo povo. Enfim, o senado não deixou de aproveitar essa breve separação entre o líder Caio e o povo, e, como Caio apoiava a fundação de uma colônia nas terras já amaldiçoadas e salgadas de Cartago, foi também denunciado pelo senado como um inimigo da religião. Depois de perseguido, Caio suicidou-se em 121 a.C. e seus partidários foram mortos. Mas, mesmo depois de mortos, suas ideias continuaram, por meio de Mário, Júlio César e Otávio.

Desta forma, havia dois poderes: o poder da aristocracia e dos cidadãos. Desde a confecção das lendas romanas, o poder dos magistrados superiores era apresentado, na origem, com características majestosas e coercitivas, modelado e idealizado como uma espécie de comando militar. Segundo Nicolet, toda a tradição romana insiste no caráter solene, constrangedor e religioso do exercício e das manifestações do poder. A simples aparição dos cônsules ou do ditador, cercados pelo aparato do *imperium*, bastava para impressionar e aterrorizar a população.

Afinal, nesse terror havia um respirar junto, uma espécie de conspiração que procurava adquirir de forma velada o poder visto aqui, como a capacidade de se impor a própria vontade a terceiros. Durante toda a época republicana, o magistrado só aparecia em público precedido por seus *litores*, que carregavam aos ombros os feixes de varas envoltos por um machado. Os que não tinham direito aos *litores* e feixes acompanhavam-se de *viatores* armados de bastões. Mesmo com a interdição de reunir a tropa do interior do *pomerium* às vezes isso ocorria.

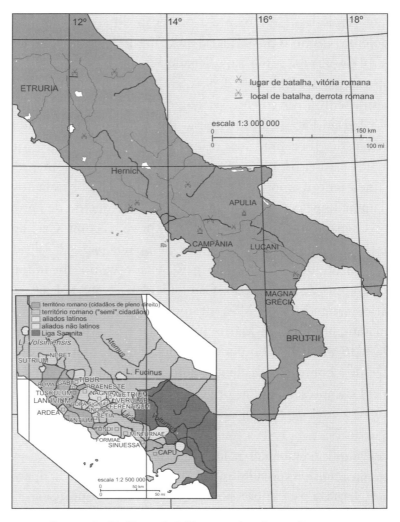

Ilustração 10 Mapa da Itália conquistada por Roma em 334-241 a.C. – Detalhe da Itália Central em 338 a.C.

Fonte: CORNELL, T. & MATTHEWS, J. *Roma, legado de um império*. Vol. I. Madri: Del Prado, 1996, p. 57 [Coleção Grandes Impérios e Civilizações].

Por outro lado, essa natureza coercitiva do poder desenvolvida por Nicolet evidencia-se também no direito público que consistia em impor obediência, por todos os meios, em sua esfera de competência que incluíam castigos físicos e até a condenação à morte dos recalcitrantes. O poder mostrava-se armado, mas a realidade de seu exercício era diferente. Nicolet aponta para mecanismos de proteção de direitos individuais e coletivos do povo, que para os romanos parecia o eixo principal de sua existência coletiva: o do tribunado da plebe e o direito de *provocatio*, ou seja, o apelo ao povo. Aqui estava a garantia essencial do que os romanos definiam como *libertas*, essa qualidade e supremo privilégio do cidadão. Muito diferentemente da Grécia, em Roma o termo *libertas* constituía provavelmente a palavra-chave do vocabulário político romano. Todos o reivindicavam, em todos os níveis; o povo, coletivamente, em relação às oligarquias dominantes – os patrícios e os senadores; a plebe, contra os membros das antigas *gentes*. Também podia ser reivindicado por grupos restritos no interior da *civitas*: o senado o invocava contras as pressões dos magistrados ou a ameaça do poder pessoal, e os próprios magistrados podiam reivindicá-lo contra as pressões dos tribunos.

No plano pessoal, ainda segundo Nicolet, a *libertas* significava, antes de mais nada, a garantia de que a lei se aplicaria igualmente a todos, como vimos com a Lei das 12 Tábuas, que garantia o acesso dos plebeus ao poder. O direito de coação dos magistrados também tinha limites. Sempre que estivesse em jogo a personalidade civil ou física do cidadão, o povo inteiro exercia o direito de controle sobre a causa. Havia a possibilidade de "apelo" contra a decisão arbitrária de um magistrado, esse *ius provocationes*, foi celebrado pela literatura romana como a conquista essencial da liberdade romana.

No momento importa-nos assinalar que a partir daí nenhum cidadão poderia mais ser submetido à coerção e muito menos condenado, sem antes o debate de um tribunal, o povo reunido em *comitia*. Vinculada ao direito de *provocatio* e ao tribunado da plebe, seu intermediário, a liberdade não era apenas uma atmosfera, um sentimento; era verdadeiramente um direito que se interpunha entre o cidadão e a sombra do poder. No século I a.C., todos os "partidos", todas as tendências políticas reivindicavam-na como sua herança, mesmo que muitas vezes ela não fosse aplicada de modo correto. A passagem da liberdade cívica à liberdade política era, na verdade, a liberdade de oprimir os outros, mas o fato é que o elogio das leis e o canto de liberdade ocupavam toda a literatura histórica e jurídica de Roma.

O direito, porém, segundo Nicolet, embora represente uma conquista imensa, não é tudo, pois o problema essencial consistia em saber de que modo, em uma dada sociedade, o direito é acionado e aplicado. Assim, é urgente uma história social e diferenciada da liberdade e das relações desta com o Estado.

Possuímos testemunhos de opressão e repressão sobre os cidadãos romanos, mas a maioria deles são discursos que tentavam convencer, persuadir um auditório, o que coloca o problema da interpretação. Mesmo os discursos que vimos sobre a fundação de Roma e que foram elaborados séculos mais tarde, apesar do anacronismo, são importantes na medida em que deixam registrado um horizonte de expectativas e jamais deixam de ser "discursos" que apresentavam um "ponto de vista" e por isso possuem uma relevância. O discurso reivindicativo ou revolucionário, pelas próprias leis do gênero, pressupõe sempre a sua antítese, ou seja, a refutação dos argumentos. E neste jogo nos aproximamos do universo da cidade-estado romana em que a palavra da oligarquia pressupunha o debate público e a publicidade de todos os atos administrativos, judiciais e de governo. Somente no fim da República é que começam as decisões arbitrárias, preparadas em segredo, sem discussão ou direito de apelação e foi exatamente isso um dos fatores que acabou na crise da República romana.

Ainda do ponto de vista do funcionamento interno da República, vale assinalar a visão idealizada de Políbio[20] ao examinar a Constituição romana do século II a.C. Para ele, quando fixamos a atenção nos po-

---

20 Políbio foi um geógrafo e historiador da Grécia antiga, famoso pela sua obra *Histórias*, cobrindo a história do mundo mediterrâneo no período de 220 a 146 a.C.

deres dos cônsules, ela nos parece inteiramente monárquica; quando o fazemos nos poderes do senado, parece-nos aristocrática, e, quando observamos os poderes do povo, parece-nos claramente democrática. Por tudo isso, seria de louvar o sistema romano, uma vez que reunia as três formas de governo. Segundo Bordet, esse equilíbrio já não existia no tempo de Políbio, mas ainda restava uma tênue aparência. Nunca existiu Constituição escrita em Roma, mas um conjunto de regras que evoluíam respeitando o *mos majorum*, o costume dos antepassados e um princípio de soberania do *populus* que eram os cidadãos agrupados nos quadros tradicionais da cidade e se opunham à turba que era a multidão desorganizada e sediciosa.

Para resumirmos, a organização da cidade de Roma e a função de suas instituições, faremos um breve resumo que vai se modificando de acordo com suas conquistas e, sobretudo, diante dos desafios que se colocam. Aqui sinalizamos a especificidade do mundo romano com relação ao mundo grego no sentido de que sua ordem política não se apoiava em uma constituição escrita como a dos tempos modernos. Havia leis centrais, mas, em torno deste ponto que estava ligado ao *mos majorum*, eram incorporados novos exemplos e até mesmo instituições que seriam exemplares para o futuro. Deste modo, instalava-se uma jurisprudência e cada geração modificava um pouco o conjunto das regras.

É importante ressaltar que antes das guerras contra Cartago e das grandes conquistas, Roma alcançou um equilíbrio até a segunda guerra púnica ente 265-218 a.C. Até aqui, Roma ainda vivia de suas pequenas explorações agrícolas. Era uma cidade-estado em que a vida política era reservada aos cidadãos, e estes eram classificados de várias formas. Havia 30 cúrias cuja assembleia curiata era quase formal. Havia 35 tribos territoriais, quatro urbanas e 31 rústicas, que formavam a assembleia popular, os comícios tribúcios. Em seu total, havia cinco classes censitárias cujo conjunto formava o sistema centuriato. A combinação entre essas cinco classes, mais o sistema tribúcio, determinavam o lugar de cada cidadão no exército e seu voto nas assembleias centuriatas elegia os magistrados superiores; apenas os homens da última classe eram excluídos. Cada classe se dividia em centúrias de seniores e juniores. A primeira classe, os mais ricos patrícios, *nobilitas* e cavaleiros, *equites,* atuavam fortemente na vida política. Nas votações acabavam votando somente as 18 centúrias equestres e as duas primeiras classes.

Os comícios tribúcios foram organizados de forma democrática, embora a plebe urbana tivesse apenas quatro tribos com idade votante contra 31 de tribos rurais. Essa assembleia, segundo Bordet, possuía o essencial do poder legislativo depois da sua libertação da aprovação senatorial em 286 a.C.

Já os magistrados que possuíam a verdadeira autoridade, deixaram de ser os servidores do povo com as conquistas e o crescimento da cidade. Conforme o quadro exposto inicialmente, os magistrados superiores eram os cônsules, os pretores e o ditador, todos dotados do poder de *imperium.* Havia dois edis plebeus e dois edis curuis, que se encarregavam do policiamento urbano, da supervisão dos mercados, do abastecimento e da organização dos jogos públicos. Havia os *questores* que, além de abrirem as portas da cidade, guardavam o tesouro público e a caixa dos exércitos consulares. Após 268 a.C., com a expansão, acrescenta-se a eles mais quatro.

Segundo Bordet cabe colocar à parte a magistratura excepcional da ditadura, a única não colegiada, embora o ditador devesse acompanhar-se *de um mestre de cavalaria.* Seu *imperium,* que era apenas uma das magistraturas, só se recorria em situações graves e limitava-se a seis meses. Também a censura devia ser posta à parte, cujos dois titulares, os *censores,* hierarquicamente superiores aos cônsules, não tinham o *imperium,* eram eleitos e só ocupavam o cargo por 18 meses para fazerem o *census.*

De acordo com o mesmo autor, denominavam-se magistraturas curuis aquelas que eram honoríficas e provenientes de costumes etruscos, assim como os litores com feixes que escoltavam os magistrados. Quanto aos tribunos da plebe, não eram magistrados, mas gozavam de inviolabilidade, bem como do poder de impedir os atos de qualquer magistrado, salvo o ditador, e a votação de um projeto de lei. A partir das leis Hortênsias, os 10 tribunos integraram-se pouco a pouco na Constituição romana.

Quanto aos *comitia curiata* há muitas controvérsias entre os estudiosos e sabe-se apenas que, já no império, serviam apenas para votar a *lex curiata* de império, que conferia o *imperium* aos magistrados. Quanto aos *comitia centuriata*, continuavam a representar o povo em armas e reuniam-se no Campo de Marte. Sua organização no século III a.C. era, provavelmente, de acordo com Bordet, a criação que Tito Lívio[21] atribuíra a Sérvio Túlio, ou seja, eram 193 centúrias repartidas nas cinco classes censitárias, 80 na primeira classe com suas 18 centúrias equestres e 20 em cada uma das seguintes, exceto na última, que contava com 30. Os proletários formavam uma única centúria, com exceção dos artesãos e dos músicos que, por estarem a serviço das centúrias, constituíam quatro escassas centúrias. Em Roma não eram os indivíduos que votavam, e sim as centúrias, e esse sistema sofreu reformas que se prestam a controvérsias, mas nunca chegaram a ameaçar a dominação de sempre.

Já os *comitia tributa* tornaram-se órgãos de todo o povo romano a partir do momento em que os *plebiscita* passaram a ter força de lei para todos. Os patrícios eram admitidos a essa assembleia presidida pelos mesmos magistrados que os *comitia centuriata*, os cônsules ou, na sua falta, os *pretores*. Somente quando elegiam os tribunos e *edis* plebeus é que eles readquiriam o caráter antigo relativo somente à plebe.

O senado era o conselho dos *patres*, dos chefes das gentes patrícias, mas desde o século IV a.C. tiveram que permitir a entrada dos plebeus mais ilustres. Eram cargos vitalícios e era um órgão hierarquizado encabeçado pelo *princips senatus* e seguido pelos magistrados curuis em ordem decrescente, ou seja, censores, cônsules, pretores, *edis curuis*; cada uma dessas categorias tinha uma classificação interna que dava prioridade aos patrícios e, depois deles, aos mais antigos. O senado não se reunia por iniciativa própria, mas podia oferecer conselhos aos magistrados, que não legislavam, mas, ainda assim, era o poder supremo de Roma. Detinha a *auctoritas*, sanção de caráter reli-

---

21 Tito Lívio nasceu em Pádua em 59 a.C. e morreu no ano 17 d.C. Escreveu uma obra histórica intitulada *Desde a fundação da cidade* na qual relata a história de Roma até o início do século I d.C.

gioso dos áugures. Tudo lhes era apresentado, os magistrados mostra-vam-se dóceis ao senado, que podia influir fortemente em sua carreira e prorrogar ou não seu *imperium*. Exercia também o poder supremo financeiro, fixava os efetivos dos exércitos e os créditos destinados às operações. Cabia-lhe a direção de toda a política externa da República. O poder do senado não repousava nos textos e sim na tradição dos *patres*, na continuidade de sua política, na coesão do *mos majorum*, no *fas* e na *fides*. Mesmo com a formação e com a importância econômica e social de homens novos, da *nobilitas*, eram os senadores os guardiões da Roma aristocrática, a verdadeira Roma.

5
Origem e sentido do *census*

Acreditamos que seja importante, para nosso argumento, definir com mais precisão a forma de enquadramento e controle dos cidadãos romanos por meio da instituição censitária. *Census* vem de *censere – çams* (raiz indo-europeia = "fazer existir ao nomear" / Situar um homem ou um ato ou uma opinião no seu justo lugar hierárquico, com todas as consequências práticas dessa situação). Aos olhos dos outros o *census* produzia a existência dos homens em aspectos que iam do *nomem* ao *consensus* e ao *discenso*. Era a forma de criação de uma segunda natureza por meio do estatuto e título de homens que se relacionavam numa teia de reciprocidades. Diferenciação e repartição das tarefas necessárias ao Estado nos três aspectos: militar, financeiro e político. Riquezas somadas a motivos de ordem física, moral e social se associavam à fortuna ou corrigiam a sua ausência. A hereditariedade era a vocação preferencial juntamente com a qualificação moral atestada pelo censor e pelo pai e também obrigações e privilégios que se complementavam.

Para Nicolet[22], apesar de significar recenseamento e classificação por categorias, aqui se torna importante a compreensão da inscrição no *census* como a primeira e mais importante marca de pertencimento dos homens à cidadania romana, ainda que suas características fossem igualitárias e também hierárquicas. Na cidade de Roma a igualdade de direitos se dava segundo a capacidade jurídica de cada um nas esferas

---

22 NICOLET, C. *Le metier de citoyen dans La Rome Républicaine*. Paris: Gallimard, 1988.

religiosas, financeiras, militares e políticas. Os cidadãos, mesmo considerados perfeitamente iguais como sujeitos de direito, não podiam pretender o mesmo tratamento. Havia diferenças de natureza ou de fortuna como jovens, velhos, doentes, sãos, ricos, pobres etc. o que justificava uma igualdade de direito, mas uma desigualdade social e política. Havia igualdade no direito, na lei, na liberdade e na coisa pública e diferenças pelo mérito na glória e nas honras.

Há suposições de que o *census* tenha surgido com Sérvio Túlio como escolha de critérios que dessem conta das diferenças entre os cidadãos. No esquema original de Sérvio Túlio havia 193 centúrias como podemos conferir no quadro seguinte.

Esquema original de Sérvio Túlio – 193 centúrias

Primeira classe = 100.000 asses ou mais com 80 centúrias, 40 de jovens e 40 de homens maduros.
Segunda classe = 100.000 e 75.000 asses com 20 centúrias de cidadãos jovens e velhos, com escudo mais longo e sem couraça.
Terceira classe = 50.000 asses com a divisão igual à da segunda classe, menos as botinas.
Quarta classe = 25.000 asses e a mesma divisão da anterior. Mas as armas eram diferentes. Só lança e dardo.
Quinta classe = 11.000 asses. 30 centúrias, armadas de pedras e fundas + *accensi* divididos em três centúrias.
O resto da população era reunido numa única centúria e estava isento de serviço militar.

Os sufrágios, inicialmente, eram contados por cabeça, sem distinção de valor nem de autoridade entre os cidadãos votantes. Mas, segundo Tito Lívio, criou-se um novo sistema de gradação na maneira de chegar aos votos, que concentrou todo o poder nas mãos das primeiras classes, sem, contudo parecer que houvesse exclusão de quem quer que fosse do direito de sufrágio. As centúrias dos cavaleiros eram chamadas em 1º lugar, em seguida as 80 centúrias da 1ª classe. Caso não houvesse concordância entre elas, a segunda classe votava. Assim, a votação era hierárquica, aqueles que possuíam as maiores fortunas, sendo em menor número e divididos em um número maior de centúrias, eram obrigados a pagar impostos mais elevados e a servir com mais frequência. O sistema de centúrias não significava apenas o exército em armas, mas um quadro a partir do qual eram efetuados o recrutamento dos soldados e a arrecadação dos impostos. Até o fim da República, o voto era uma coisa importante, e o lugar do cidadão nos comícios dependia do *census*, ele determinava a qualificação necessária para o pertencimento na ordem equestre e para o exercício das magistraturas.

Até 91-89 a.C. o direito de cidade era privilégio de uma minoria entre as populações submetidas à autoridade do Estado Romano. Com a expansão da cidadania houve problemas com relação à presença de indivíduos indignos no senado e na ordem equestre.

Havia fundamentos ideológicos para o *census*, que além de se constituir como fundamento da vida cívica possuía aspectos religiosos e militares. Neste caso, Roma realizava aquilo que tanto Platão quanto Aristóteles consideravam como as melhores constituições, ou seja, aquelas em que os direitos e os deveres eram repartidos segundo a fortuna e o valor. Uma democracia moderada era compatível com as classes censitárias e admitia que certas funções fossem reservadas aos primeiros dentre os cidadãos, ou seja, aos mais ricos. Na instituição do *census* se encontravam equilibrados aspectos democráticos e aristocráticos. Havia a necessidade do *consensus*. Uma igualdade geométrica ou proporcional era mais justa do que a igualdade aritmética. Deveres e direitos calculados de modo que seus produtos fossem iguais. As honras deviam ser proporcionais aos deveres. Havia em Roma uma proporcionalidade entre a propriedade e o interesse em defendê-la. Os mesmos que deliberavam eram os que assumiam os maiores perigos e os encargos. Para eles, essa igualdade proporcional promovia a coesão social e produzia consenso. Já a igualdade aritmética seria injusta por não comportar nenhum nível de dignidade. O lema dos romanos prega que, se aquilo que desejais impor aos vossos inferiores, vós decidis impor em primeiro lugar a vós mesmos e aos vossos, obtereis muito mais facilmente a obediência de todos.

Por outro lado, a questão da organização censitária nos faz pensar em como se constitui e se exerce o poder numa sociedade, como se dissemina, mas também como se oculta. É sempre importante a pergunta sobre em nome de quem o poder se exerce. No caso de Roma, e retomando nosso percurso inicial sobre a partilha do poder, nos aproximamos daqueles que podem e devem falar e daqueles que não são ouvidos, dos que são excluídos do discurso. Há desigualdade e assimetria no uso da linguagem, nas práticas e no acesso a certas formas de discursos. A pergunta sobre quem é o sujeito do discurso nos remete à força e autoridade do discurso político. Como não há sujeito fora do discurso e nem anterior a ele, devemos refletir sobre a legitimação produzida de modo político do "falar em nome de alguém".

Para tornar evidentes as diferentes possibilidades da partilha do sensível, desenvolvida por Rancière, é interessante a contraposição entre dois modelos que compõem a tradição greco-romana. De um lado, como já apontamos, temos o discurso na Atenas democrática que é concebido de acordo com o modelo retórico. Na Assembleia, que é também o próprio *demos*, ninguém representa ninguém, pois a partilha torna os cidadãos completamente iguais na política. O orador confunde-se com o demos. Há igualdade entre os que falam e os que ouvem. A *isegoria*, o direito à palavra, se define e se exerce por meio do acesso ao discurso e ao seu uso. Há a possibilidade de realização dos performativos: escolher, votar, eleger e decidir. É o discurso que deve persuadir e não o indivíduo por sua posição social. A força performativa do discurso político não é derivada das intenções de um sujeito psicológico e sim da Assembleia, das convenções que garantem a legitimidade de suas decisões. Não há exclusão porque não há representação. Quem fala é o *demos* por meio do discurso. A própria lei é emanação da Assembleia, é sem sujeito, é impessoal. Eliminam-se, assim, institucionalmente os privilégios da aristocracia hereditária, militar ou religiosa.

Em Roma, o senado, juntamente com o tribunal, equivaleriam ao *demos*, mas, de modo distinto do grego, em Roma há uma partilha entre as funções jurídicas e políticas. Há igualdade jurídica, mas não igualdade política. A lei é igual para todos. Quem realiza os performativos de condenar ou absolver é o juiz enquanto representante da lei, e ele o faz em nome da lei. O discurso político é válido enquanto discurso de um sujeito que deriva sua autoridade (*auctoritas*) das virtudes políticas que encarna – *sapiencia, consilia, prudentia* – características dos membros do senado romano. O mais qualificado é o mais dotado de autoridade. Os primeiros da lista eram os primeiros a falar e os únicos que deveriam ser ouvidos. Roma inaugura a relação entre representação e autoridade. O poder de representar acontece quando se é o melhor. Seu discurso inclui todos os discursos, mas esta inclusão é também uma exclusão.

Hoje, nós vivemos, de modo geral, sob dois polos: um mundo político cuja representação e autoridade emanam dos eleitores e é a eles que se devem prestar contas. Neste caso o lema de Thomas Hobbes de que o representante político é aquele cujas palavras e ações pertencem àqueles a quem representa, ainda seria válido. Ele é agente e ator, mas a autoridade é dada e deve ser legitimada por quem autorizou. De outro lado, como o representante deve ser escolhido devido a suas qualidades e por isso apresenta-se como superior àquele a quem representa, não deve ser submetido a eles e daí leva-se à exclusão do representado. Escamoteia-se o sentido originário da representação. É a representação por delegação, a "política para os políticos".

Acentuando as diferenças, sinalizamos que Platão e Aristóteles estudavam as diferentes formas de governo normativamente, isto é, por sua capacidade de ajudar o homem a alcançar uma meta moral na sociedade, a justiça e uma vida digna. Hoje se evita metas ideais, e a vida digna não é mais comensurável de modo universal.

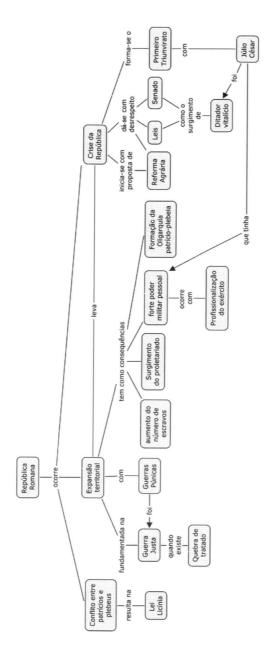

Ilustração 11 Expansão romana e suas consequências

6

O Império Romano

Os séculos II e I a.C. são tidos como o período de crise da República romana. Como já vimos, o modelo político centrado na supremacia do senado, enquanto instrumento de poder da elite patrícia, sofreu uma forte contestação, fruto da ação de diferentes setores da sociedade: uma camada de comerciantes extremamente enriquecidos com a expansão de Roma; a massa de plebeus miseráveis e descontentes e o enorme contingente de escravos. Além disso, não podem ser descartadas as pretensões políticas dos generais, fortalecidos pela crescente importância do Exército na vida romana. Assim, esses dois séculos foram marcados por uma imensa instabilidade política, na qual revoltas de escravos, guerras civis, ditaduras, tentativas de golpe e governos formalmente ilegais sucederam-se. As ditaduras de Mário e Sila foram uma mostra clara da incapacidade do senado e das instituições formais da República em fazer frente às novas forças sociais em conflito – embora a ditadura fosse uma magistratura legal, prevista nas leis romanas como um instrumento excepcional de governo.

Em suma, depois da morte de Caio Graco, a ordem senatorial procurou afastar o povo da participação política com uma série de campanhas visando alargar as fronteiras da República. Na África, Roma foi derrotada pelo rei da Numídia. Então, a Assembleia Popular elegeu Caio Mário como cônsul, que acabou vencendo a guerra contra Jugurta. Mário foi reeleito em 104 a.C. e realizou reformas no exército, no qual, até então, só podia servir quem possuísse um mínimo de bens. Mário incorporou os proletários e desenvolveu um exército profissional. Porém, essa profissionalização deu muita força aos generais e causou sérias consequências a Roma. Cada vitória servia como trampolim para a ocupação de altos postos políticos. Junto a Mário, crescia também o Partido Popular que reunia os chamados "homens novos" ou cavaleiros decididos a diminuir o poder do senado que, para eles, vivia de lembranças dos antepassados. Diante da pressão popular, a ordem senatorial se utiliza de Sila, um nobre empobrecido e que já havia reprimido com sucesso algumas revoltas de escravos.

Em 88 a.C., Roma devia estancar os avanços de Mitríades, rei do Ponto na Ásia Menor. Havia debates, mas foi pela força que a aristocracia conseguiu nomear Sila, exilando Mário na África. Quando Sila partiu em 87 a.C. para o Oriente, Mário retornou da África e desencadeou uma perseguição contra os senadores. Com a morte de Mário em 86 a.C., o Partido Popular ainda conseguiu manter o controle sobre Roma. Enquanto no Oriente Sila fazia um acordo com Mitríades que devolveria as terras reivindicadas pelos romanos. Sila voltou a Roma e lutou contra Mário por meio das proscrições, listas dos inimigos de Roma. Com Sila, o senado foi expurgado dos elementos suspeitos e aumentou para 600 membros. Assim, a justiça voltou para as mãos do senado e as assembleias populares viram o poder dos tribunos diminuídos.

Porém, problemas ainda ameaçavam a ordem romana. Quando Sila morreu, na Espanha acontece uma sublevação popular; Mitríades volta a atacar e na Campânia há uma rebelião de escravos chefiada por Espártacos. Como essas rebeliões descontentavam a ordem senatorial, mas também os "homens novos", estes começaram a se armar para lutar contra os rebeldes. Pompeu foi um desses generais que obteve sucesso na Espanha e depois foi enviado à Ásia e incorporou a Síria e a Judeia a Roma. Outro caso foi o de Crasso, que venceu a rebelião de Espártacos. Pompeu e Crasso foram consequentemente eleitos para o Consulado. No mesmo tempo, despontava um magistrado de nome Júlio César que já havia participado de uma conspiração contra a República liderada por Catilina. Tal plano fracassou graças às denúncias de Cícero. Em 60 a.C., César aproximou-se de Crasso e Pompeu, tornando-se cônsul e fazendo um pacto com ambos para monopolizar o governo de Roma.

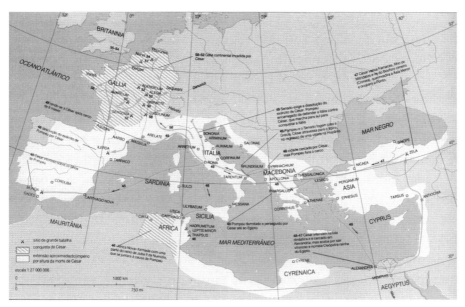

Ilustração 12 A ascensão de Júlio César

Fonte: CORNELL, T. & MATTHEWS, J. *Roma, legado de um império*. Vol. I. Madri: Del Prado, 1996, p. 70 [Coleção Grandes Impérios e Civilizações].

Apesar de não estar previsto nos costumes romanos, houve a criação de um triunvirato para enfrentar a crise entre a tradicional aristocracia e os generais com suas ambições políticas. Em 58 a.C., César obteve o cargo de governador da Gália, que estava também ocupada por povos bárbaros. Ele conseguiu conquistar a Gália Transalpina, a Germânia e a Bretanha. Crasso combatia os partas no Oriente, mas foi derrotado e morto. Enquanto isso, Pompeu elegia-se único cônsul pelo senado. Em 49 a.C., o senado propôs a César sua volta a Roma, pois seu mandato havia terminado e era também uma forma de esvaziar seu poder não só em Roma, mas, sobretudo, diante de seus soldados. Afinal, César desobedece ao senado e entra em Roma com suas tropas. Veremos de modo breve a interpretação sobre a volta de César e seus inimigos como distintas maneiras de defender o que acreditavam ser a República em perigo.

César, quando ultrapassa a fronteira do Rubicão acreditando defender a República, sinaliza perturbações profundas na estabilidade da ordem romana. Apesar de uma falência da ordem, havia a convicção geral de que o que havia era a única ordem válida. Havia uma unanimidade resultante do conhecimento e da percepção de tudo aquilo que fora transmitido possuía força obrigatória. Tal fato não determinava necessariamente o agir, mas com certeza o pensamento. O fato é que ninguém percebe a falência da ordem como tal. Os romanos só percebem os ataques que se fazem à realidade e é assim que o senado compreende as tentativas de reformas. Tanto uma percepção como outra são interpretadas moralmente. Dessa forma, a tradição herdada dos antepassados não se torna motivo de desconcerto. Todos acreditam estar preservando esta herança, os reformadores assim como seus adversários. Não se colocava em questão a forma da República na sua estrutura fundamental. A crise de Roma é, assim, uma expectativa contínua de que fosse colocada adequadamente em prática a herança transmitida. Os problemas sociais e econômicos não dividiam a sociedade romana. Era preciso, segundo Meier[23], ser capaz de uma extraordinária autonomia pessoal para fazer exigências em relação à herança transmitida. Com César essa situação é alterada, pois sua ação dá uma nova visibilidade às questões tradicionais.

Enfim, Pompeu fugiu com inúmeros senadores e César triunfou sem derramar nenhum sangue. Porém, Pompeu preparava a guerra no exterior a partir dos exércitos que estavam na Espanha e na Grécia. César derrotou-o em ambas as frentes e Pompeu foi assassinado pelo Rei Ptolomeu XIV. Quando César voltou a Roma, tornou-se "ditador perpétuo" em 49 a.C. Seu poder foi cada vez maior; era cônsul em Roma, procônsul na Gália, censor perpétuo do império; controlava os exércitos; a política interna e externa e ainda fazia as leis. Da antiga República só restavam as aparências e o interdito de se proclamar rei, pois esse era o limite do povo romano. A reação militar e popular depois do assassinato de César deteve o projeto senatorial, mas Otávio era herdeiro de César e, junto com Marco Antônio, ocuparam o poder. O segundo triunvirato significou o fim do período republicano. O título de Cônsul já nada significava, pois agora o comando estava com os generais.

---

23 MEIER, C. *César*. Paris: Seuil, 1989.

Em 44 a.C., um grupo de senadores, liderados por Cássio e Brutus, assassinaram César para salvar a República. Os "homens novos" reagiram violentamente ao assassinato e, liderados pelos generais Marco Antônio e Lépido, formaram com Otávio o segundo triunvirato. O poder do tradicional senado dava lugar ao comando do General Otávio, que assegurou seu poder com farta distribuição de trigo egípcio à população romana. Isso também auxiliou no seu apoio frente ao senado, que se viu obrigado à submissão, concedendo-lhe uma série de títulos. O primeiro deles foi o de *Princeps Senatus*, ou Primeiro Senador, o que lhe permitia presidir o senado. A existência de um poder acima do senado significava um passo decisivo no caminho da centralização do poder. Esse período, inclusive, é conhecido como Principado, dando a entender que já não é exatamente a forma republicana de governo que tem o poder em Roma. Os demais títulos recebidos por Otávio apenas confirmaram essa tendência: *Imperator*, ou Comandante em chefe do Exército; Tribuno da Plebe, que lhe dava o direito de falar em nome do povo nas reuniões do senado; e Pontífice Máximo, que lhe concedia a chefia da religião oficial. Outro título, o de Procônsul, dava a ele a autoridade sobre as províncias do império. O último e mais importante título de Otávio foi o de Augusto. Tal título não tem exatamente uma conotação política, mas, sim, religiosa. Seu significado, o de um soberano que se assemelha aos deuses, dava-lhe um poder acima do poder meramente terreno. Significava um poder absoluto, vitalício, bem como o direito de escolher seu sucessor. Esse título, por seu caráter formal, consolida a tendência que já se verificava: a do retorno de Roma à ordem monárquica, pondo fim definitivamente à República – e dando início ao Alto Império.

Uma das medidas de Otávio foi decretar a proscrição dos seus inimigos, vitimando muitas pessoas. Ainda que os nomes dos assassinos e dos denunciadores ficassem em segredo, Cícero, que atacara Marco Antônio em seus discursos, foi morto no momento em que embarcava para a Grécia.

Depois, o triunvirato derrotou Brutus e Cássio, considerados "parricidas" e procuraram dividir entre si os territórios de Roma. Assim, Marco Antônio ficou com o Egito e o Oriente e dirigia as províncias como se fossem suas. Em Roma, havia o temor de que ele transferisse o centro do império para o Oriente. Tais rumores acabaram dissolvendo o triunvirato. Lépido ficou com o norte da África e Otávio permaneceu na Itália, dedicando-se ao confisco de terras de seus inimigos e distribuindo-as entre seus soldados. As pretensões de Marco Antônio sedimentaram as desconfianças que terminaram na sua acusação de traição feita pelo senado. Marco Antonio e Cleópatra suicidaram-se e Otávio saiu fortalecido.

A história subsequente do Principado foi a de uma crescente "provincialização" do poder até então centralizado em Roma. À casa patrícia romana dos Júlios e Cláudios – de Augusto a Nero – seguiu-se a linha italiana dos Flávios – de Vespasiano a Domiciano –; a sucessão passou por imperadores espanhóis e da Gália e até a composição do senado foi modificada. Após um período de relativa estabilidade com os Antoninos, identificamos um novo e conturbado período, como veremos adiante.

Retomando o segundo triunvirato, constatamos que Otávio saiu vencedor e desenvolveu uma política semelhante à de César. Na aparência, a tradição romana em termos institucionais foi mantida, mas o poder concentrava-se nas mãos de Otávio, com o apoio de amplas camadas da população. Mesmo a nobreza senatorial e os cavaleiros precisavam de um poder que fosse capaz de conter as revoltas de escravos e da plebe. Otávio promoveu a aproximação entre os nobres e os cavaleiros, transformando as duas classes em ordens segundo seus bens. Já a plebe romana estava nas mãos de Otávio desde a distribuição de "pão e circo". Os circos eram lutas de gladiadores que simulavam combates sangrentos. Mas o poder de Otávio estava assentado mesmo no controle sobre o exército formado por 300 mil profissionais divididos em legiões de seis mil homens que obedeciam a comandantes nomeados pelo imperador. Além deste contingente, havia a Guarda Pretoriana encarregada da segurança do imperador e que cada vez mais ganhou importância no império. Otávio era, como vimos, *Princeps* e, em 27 a.C., recebeu do senado o título de *Augusto*, pelo qual se tornava um ser semidivino; até então, apenas aos lugares e às coisas tal título era conferido. No século II d.C., recebeu o título de *Pai da Pátria*. Com cautela, Otávio evitava tornar claro o fim da República, distribuía funções aos magistrados, mas mantinha seu total domínio. Possuía três poderes fundamentais: o de *imperador* ou *procônsul*, pelo qual tinha o supremo comando dos exércitos; o de *supremo tribuno*, que o tornava inviolável, dando-lhe poder de veto sobre o senado; e o de *grande pontífice* da religião romana e guardião das tradições.

Augusto não se preocupava mais em conquistar, mas em conservar suas conquistas. Apenas completou a conquista da Península Ibérica; na África do Norte o reduzido território foi colocado em regime de protetorado; na Ásia Menor os partas foram neutralizados e o Rio Eufrates tornou-se a fronteira natural do império; na Europa Centro-oriental a delimitação natural ficou com o Rio Danúbio. Em geral o governo de Augusto foi pacífico, o que possibilitou um desabrochar intelectual que abriu a entrada em Roma das filosofias helenísticas, sobretudo o estoicismo, o hedonismo, um acentuado misticismo e as origens do cristianismo como veremos adiante.

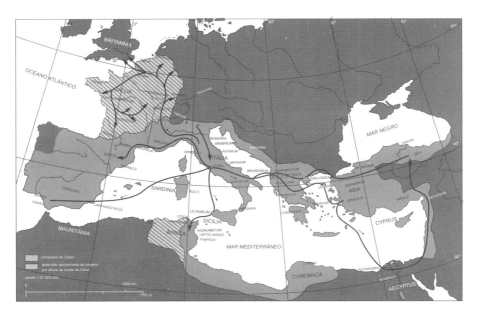

Ilustração 13 A divisão do Império Romano e suas províncias
Fonte: CORNELL, T. & MATTHEWS, J. *Roma, legado de um império*. Vol. I. Madri: Del Prado, 1996, p. 74-75 [Coleção Grandes Impérios e Civilizações].

A dinastia de Júlio-Claudiana foi a primeira dinastia após Augusto e durou de 27 a.C. a 68 d.C. O primeiro foi Tibério que tentou assegurar a defesa das fronteiras no Reno, no Danúbio e no Oriente. Internamente continuou prestigiando o senado e agindo para manter seu poder pessoal. Mas houve conspirações, o imperador acabou fugindo para Capri e ordenou muitas execuções que aterrorizaram a nobreza. A luta entre os imperadores e o senado continuou com Calígula, que possuía um método em sua loucura, que fez de seu cavalo um cônsul. Preocupado em governar com os poderes dos monarcas orientais, Calígula celebrizou-se por suas crueldades e foi assassinado por elementos da guarda pretoriana. A partir daí, Roma viveu uma história atravessada por golpes e assassinatos.

Cláudio, tio de Calígula, sucedeu-o aclamado pelo povo. Construiu muitas obras públicas e expandiu o império com a conquista da Bretanha, do Danúbio e do Ponto. Seu reinado ficou conhecido também por suas mulheres. Messalina ficou famosa por seus vícios. Agripina, que dominava o imperador e fez com que Nero, seu filho do primeiro casamento, fosse adotado por ele. Depois, Agripina assassinou Cláudio e levou seu filho Nero ao poder com apenas 15 anos. Nero também se notabilizou por suas crueldades, especialmente contra os cristãos. Mas tal conduta não lhe era particular; fazia parte também da decadente nobreza escravagista do império. Como Nero gastou muito, foi acusado do incêndio que destruiu 10 dos 14 bairros de Roma. Nero suicidou-se e depois dele veio Galba, escolhido por suas legiões espanholas. Galba também foi assassinado pela guarda pretoriana e depois de alguns outros imperadores inexpressivos deu-se início à dinastia flaviana.

O ano de 69 d.C. ficou conhecido na história de Roma como o ano dos quatro imperadores. Vespasiano do Oriente sofreu desconfianças de judeus, da Gália, que lutava por sua independência; dos batavos. Mas conseguiu, apesar de tudo, impor sua autoridade ao senado e reorganizou as finanças e a administração de Roma. Tito (79/86), seu filho, substituiu-o e continuou a política de controle sobre o senado, que atingiu seu auge com Domiciano (81/96), que governou de modo absoluto, ignorando a aristocracia senatorial. Também foi assassinado e em seu lugar veio Nerva.

Com Nerva (96/98) voltou a colaboração entre o senado e o poder imperial. Em 98, subiu ao poder o primeiro imperador provincial que foi Trajano (98/117), nascido na Espanha, embora descendente de uma velha família italiana. Para afastar o perigo que rondava o império, Trajano desviou as atenções promovendo conflitos no Oriente. Assim, derrotou árabes, partas e dácios e, consequentemente, aumentou ainda mais o número de províncias do império. Adriano (117/138) foi sucessor de Trajano, aliviou a política belicosa exterior e fez com que Roma se tornasse um Estado cada vez mais centralizado. Com Antonino (138/161), o império chegou ao seu auge. Foram 23 anos de paz e prosperidade e ele ficou conhecido como piedoso. Marco Aurélio (161/180) foi seu sucessor e também se notabilizou por sua grandeza de alma. No entanto, as fronteiras estavam ameaçadas no Danúbio e no Oriente com os partas.

Cômodo (180/192), filho de Marco Aurélio, realizou um governo despótico e queria um absolutismo semidivino. Depois dele vieram Pertinax, Sulpiciano e Didio Juliano que foi inicialmente aceito, mas depois derrubado por Sétimo Severo, comandante do exército do Danúbio que, com o apoio dos exércitos da Bretanha e do Reno, marchou sobre Roma e derrotou Didio Juliano.

Iniciava-se a dinastia de Sétimo Severo (193/211) com três características: o fortalecimento do exército, que era sua fonte de poder; o aumento do poder da burocracia imperial, que ameaçava o já enfraquecido poder senatorial; e o desenvolvimento dos estudos jurídicos, que continuou com Caracala (211/217), responsável pelo Édito de 212, que dava a cidadania romana aos habitantes do império.

Ilustração 14 Começos da Roma Imperial

Fonte: CORNELL, T. & MATTHEWS, J. *Roma, legado de um império*. Vol. I. Madri: Del Prado, 1996, p. 91 [Coleção Grandes Impérios e Civilizações].

1 Marco Aurélio, estátua de bronze.
2 Mercado de Trajano.
3 Templo de Antonino e Faustina, 141 d.C.
4 Coliseu. Construção de Vespasiano finalizada por Tito e Domiciano.
5 Coluna de Trajano, 113 d.C.
6 Aqueduto Aqua Claudia, 38 d.C., por Calígula.
7 Pormenor da Roma Antiga com o Circo Máximo, o Fórum.

7
A crise do século III

Quando Caracala foi assassinado, em 217, já estava armada a grande crise do século III cujas razões, apesar de múltiplas, estavam vinculadas a apenas um fator: a expansão e a dominação de outros povos pelos romanos. Toda a conquista acabou sendo mais nefasta para o próprio Estado romano do que para os povos dominados. Assassinatos, a violência sanguinolenta dos divertimentos públicos e uma profunda decadência de seus princípios morais.

Por outro lado, à medida que Roma se expandia, o exército e a burocracia se tornavam grandes consumidores do tesouro público. A máquina militar e administrativa dilapidava os fundamentos do império e ao mesmo tempo as fronteiras estavam cada vez mais vulneráveis. Roma passou rapidamente da ditadura dos generais à anarquia que durou 33 anos (235/268). Com a decadência do poder central começaram a surgir, nas províncias, poderes particulares geralmente exercidos pelos generais locais, que ameaçavam fragmentar o império. Houve também cataclismos da natureza que provocaram grandes estragos no mundo dos homens. Terremotos, maremotos, eclipses e epidemias pareciam anunciar o fim do mundo. São Cipriano, em 250, dizia que o inverno não tinha mais as mesmas chuvas para nutrir as sementes; o verão não tinha o mesmo fogo para alourar as searas; o outono estava menos fecundo em frutos e mesmo as montanhas desventradas ofereciam menos mármores e as minas estavam se esgotando. Os campos careciam de agricultores; o mar, de marinheiros; os acampamentos, de soldados. Já não havia justiça nos julgamentos; competência nos ofícios; disciplina nos costumes. São Cipriano ainda se perguntava se os exércitos bárbaros que ameaçavam as fronteiras deixassem de ameaçar, as lutas domésticas cessariam? E os grandes, com suas calúnias e suas violências, não seriam eles inimigos mais terríveis? Finalizando ele se perguntava se os que se queixavam da esterilidade e da fome não viam que a causa principal era a cupidez, o monopólio de víveres e o aumento de preços.

O império, depois da crise do século III ainda sobreviveu por mais dois séculos e, ainda que esta data seja discutível e meramente convencional, vamos mantê-la para fins didáticos. A sobrevida do Império Romano deveu-se aos chefes militares da região do Danúbio, onde os perigos das invasões eram frequentes. Eles tomaram o poder e reorganizaram o império. Cláudio (268/270) e Aureliano (270/275) preocuparam-se com a defesa do império, venceram os alanos no norte da Itália e os godos na Macedônia. Reordenaram a anarquia na Gália e na região de Palmira. Porém, havia as feridas internas, que foram tratadas por Diocleciano (285/305), que dividiu a administração imperial em quatro partes, cada uma delas governada por um general: dois principais com o título de Augusto e dois com o título de César. Internamente, essa tetrarquia procurou reorganizar a administração e a máquina tributária. Para diminuir a inquietação social foram feitas leis melhorando a situação dos escravos e dos devedores. Em 302 foi estabelecida a Lei do Maximum que fixava os preços. Depois de 25 anos de governo, Diocleciano renunciou após ter organizado as bases daquilo que foi chamado de "Baixo Império Romano", onde o grande fato novo foi a difusão do cristianismo e a formação da "Alta Idade Média".

Chamamos de Baixo Império o período final do Império Romano do Ocidente caracterizado por sua decadência e queda, em 453, em meio às invasões dos povos germânicos. A origem mais remota dessa crise está diretamente ligada à combinação entre a estrutura econômica do império e sua incapacidade de dar sequência à saga de conquistas, única forma capaz de manter os domínios de Roma.

No início do século IV, o Imperador Constantino reunificou o império. Entretanto, como o risco de invasão fosse maior na parte ocidental, ele transferiu a capital para Bizâncio, mais protegida e, na época, mais rica. Ali, ele ergueu uma cidadela para servir de sede ao governo, dando a ela o nome de Constantinopla, nome que, durante séculos, acabou designando toda a cidade. O império manteve-se unificado, com sua sede em Constantinopla. No final do século, o Imperador Teodósio estabeleceu, em 395, a divisão definitiva: Império Romano do Ocidente, com capital em Roma, e Império Romano do Oriente, também chamado de Império Bizantino, com capital em Constantinopla.

Em suma, consideramos que embora fundamental de imediato, para consolidar o domínio romano, o fim das conquistas trouxe consigo efeitos que, a longo prazo, revelariam-se desastrosos para as estruturas do império. Em primeiro lugar, o ímpeto de conquistas havia gerado a formação de um gigantesco e dispendioso exército, que só poderia ser mantido se Roma fosse capaz de garantir a manutenção do fluxo de riquezas obtido com as guerras e vitórias. Assim, a estabilidade das fronteiras tornou-se frágil diante das dificuldades de se garantir o abastecimento de todo o exército.

Além disso, o fim das conquistas trouxe um efeito sobre a estrutura de mão de obra do império. Grande parte da economia romana assentava-se sobre a mão de obra escrava, cuja fonte de abastecimento mais forte era o afluxo de prisioneiros de guerra estrangeiros. As péssimas condições de vida, o alto índice de mortalidade, a baixa expectativa média de vida, além do pequeno índice de natalidade dos escravos, pelo fato de que o número de mulheres escravas era sempre mais baixo, geravam um crescimento insuficiente para a manutenção da máquina de governo.

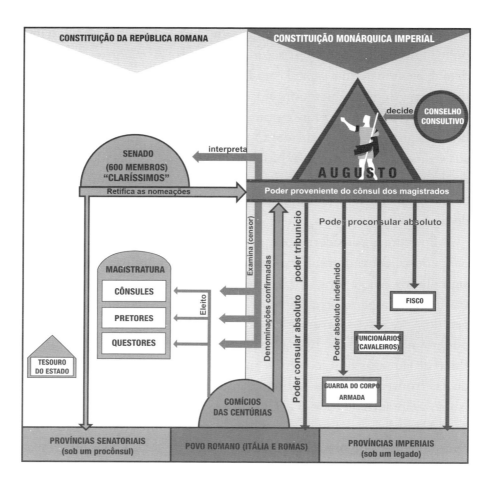

Ilustração 15 A constituição do Principado
Fonte: *Atlas Historique*. Paris: Stock, 1997, p. 88.

8
Limites da expansão romana

Como vimos, desde suas origens Roma está sob o signo da conquista. Todos os anos, no início da primavera, os homens válidos partiam em grupos violentos para pilhar e trazer espólios e, sobretudo, uma mão de obra subjugada cujo labor ia sustentar a empresa dos guerreiros, cada vez mais prolongada e distante do ponto de partida. A agressão era sistemática e exigia um suporte, uma trama composta por acampamentos fixos, guarida em cada paragem, lojas de abastecimento. Enfim, como aponta Duby[24], era preciso toda uma rede convergindo para a cidade que se ramificava e se fortalecia. Desta base dependia o sucesso das campanhas militares, a sua coordenação e o seu prolongamento. Aos saqueadores organizados vieram juntarem-se os construtores. Para as legiões, construíram muros, pontes e estradas indestrutíveis.

Ainda segundo Duby, os conquistadores romanos transformavam as cidades assim como os campos. Em toda parte havia cidades réplicas de Roma. Elas destinavam-se a ser o símbolo da ordem instaurada pela força invasora e predadora. As cidades, como réplicas de Roma, eram um território sacralizado de onde irradiavam a paz e a justiça. Portas solenes proclamavam o vigor do direito e vias ortogonais conduziam ao fórum, às basílicas, onde magistrados apaziguavam as discórdias. Havia templos consagrados aos deuses vencedores, aos deuses do poder. A cidade era desta forma a marca de uma dominação; um prestigioso teatro criado para o poder manifestar-se periodicamen-

---

24 DUBY, G. (org.). *A civilização latina*. Lisboa: Dom Quixote, 1989.

te com muito fausto. Roma disciplinou as águas, fazia festas, jogos e concedia esse prazer aos vencidos que consentissem em colaborar. Finalmente, como vimos, essa promessa foi cumprida; o direito de cidade foi concedido a todos os povos, todos os homens livres feitos cidadãos romanos, reunidos sob o mesmo estatuto. A cidade, por fim, foi a lei. Mais uma vez os soldados, os juristas, os engenheiros e agrônomos zelavam pela retidão; o ângulo reto. As sentenças eram breves e firmes, tal como vimos, desde suas origens; *libertas, potestas, autoritas, imperium e res publica* formavam os pilares de Roma. A unidade romana não se fundou apenas sobre colônias dispersas com réplicas de Roma, mas também sobre uma língua, a dos mandamentos militares, dos decretos de justiça, das liturgias do poder. A língua dos latinos antigos impôs-se esmagando as falas locais, unificando os territórios. Quem desejasse agregar-se ao estrato dominante, participar de sua glória, devia usá-la corretamente.

Quando no ano de 118, o Imperador Adriano deu início ao novo Pantheon no Campo de Marte, o mesmo lugar em que se situava o antigo, ele pensou-o para agrupar as divindades numa notável construção que primava pelo domínio dos efeitos da luz. Como nos diz Sennett[25], em dias ensolarados os raios de sol penetram do alto em direção ao chão, subindo novamente, como se a estrela se movesse em sua órbita; nos dias nublados, a luz se convertia em névoa cinzenta, e, à noite, o prédio parecia desmaterializar-se; mediante a abertura no topo do domo, um círculo de estrelas preenchia a escuridão. No tempo de Adriano, o Pantheon iluminava o espaço interior saturado de símbolos políticos; o pavimento fora projetado como um tabuleiro de pedras e as estátuas dos deuses habitavam nichos na parede circular de modo que pudessem tutelar em harmonia a corrida de Roma pela dominação do mundo. A ordem visual e o poder imperial estavam indissoluvelmente ligados. O imperador precisava que seu poder fosse evidenciado em monumentos e obras públicas. Era uma forma de juntar o passado tradicional com as novidades que se apresentavam.

---

25 SENNETT, R. *Carne e pedra.* Rio de Janeiro: Record, 1997.

Os romanos gostavam de olhar para imagens que enfatizassem a continuidade da cidade, a durabilidade e imutabilidade de sua essência. Todos os atos de Adriano assinalavam, ainda de acordo com Sennett, seu desejo de enfatizar a inexistência de riscos entre o passado e o futuro, Adriano destacava a continuidade para apaziguar os temores de mudanças. Neutralizou essa tensão por meio da ficção cívica, identificando o monumental crescimento da cidade com o caráter essencial e imutável de Roma desde sua fundação. A glória das edificações sobrepujava as rebeliões dos súditos, as guerras civis desencadeadas pelos senadores e a ruína causada pelos próprios governantes.

Voltamos, assim, às concepções mitológicas de que Roma nascera dotada de virtudes únicas e a crença nessa especificidade mostrou-se ainda mais necessária à medida que o poder do império estendeu-se sobre o mundo. Para Sennett, a vanglória romana era diferente da grega. Atenas era um exemplo para a Grécia, mas os gregos não cogitavam transformar os povos conquistados em atenienses. Roma, ao contrário, queria exatamente uma metamorfose. De modo geral, Adriano era tolerante com a imensa diversidade de seitas, povos e tribos que compunham seu império. Por meio do teatro visual, com seu excesso de símbolos, os romanos no tempo de Adriano penetravam, através dos olhos, em uma voluntária suspensão da descrença. Tais símbolos, como o Pantheon, aplacava os sentimentos funestos e o senso comum não imaginava que atores, como os próprios gladiadores, e geômetras estivessem empenhados na mesma linha de trabalho. Neste sentido, os movimentos humanos tiveram origem na rede sistemática de imagens, no sistema de simetrias e equilíbrios visuais que os romanos pensaram ter descoberto no corpo. Essa geometria corporal foi usada para ordenar o mundo que governavam, como conquistadores imperiais e como construtores de cidades.

O legado de Vitrúvio do século I a.C. continuou a fazer sentido até Constantino. Por sua concepção, a natureza desenhou o homem de modo que os membros eram proporcionais à estrutura como um todo. Existia uma relação entre o círculo e o quadrado, e essa relação devia ser respeitada. Assim, um templo deveria ter frações iguais e opostas, exatamente como os lados do corpo. Para Sennett, Vitrúvio resolveu o problema da correspondência bilateral a um espaço esférico. Para ele, o arquiteto imaginava que os braços eram ligados às pernas pelo umbigo, pelo cordão umbilical – a fonte da vida –, ponto de encontro das linhas que partiam dos braços estendidos e cuja interseção se situava na ponta dos dedos, formando um quadrado. Assim, da profunda comunhão sagrada entre homem e mundo, para fundar uma cidade, ou reconstruí-la após uma conquista, os romanos estabeleciam o ponto que chamavam *umbilicus* (umbigo), pois um centro urbano equivalia ao umbigo humano e era a partir daí que os projetistas mediam as distâncias e as dimensões de cada espaço a ser construído. O estudo do céu também permitia aos arquitetos demarcar o *umbilicus.* A passagem do sol dividia o firmamento em dois, e outras medidas das estrelas, à noite, o subdividiam em ângulos retos, de modo que ele se compunha de quatro partes. Os "topógrafos" antigos procuravam no chão, um ponto que correspondesse exatamente ao lugar em que as quatro partes da abóboda celeste se encontrassem. As fronteiras urbanas eram definidas a partir da demarcação desse ponto. Então, como um marco sagrado, cavava-se um sulco – *pomerium* – no solo e violá-lo seria esticar demais o corpo humano. Agora podemos compreender que esse centro urbano tinha imenso valor religioso. Abaixo e acima dele os romanos imaginavam que a cidade conectava-se com os deuses entranhados na terra e com os deuses da luz, no céu – divindades que controlavam os negócios humanos. Bem próximo de onde ele fora fixado fazia-se um buraco – *mundus* – consagrado aos deuses do inferno, para o qual levavam oferendas para apaziguá-los e agradá-los. Acendia-se um fogo e só então a cidade nova realmente podia nascer.

O velho *Forum Romanum*, para Sennett, assemelhava-se à *ágora* ateniense no tempo de Péricles, pois ali também se misturavam a política, a economia, a religião e a vida social. A diferença mais marcante em relação à *ágora* estava no agrupamento de uma multidão diversificada em um espaço retangular, enquadrado por outros prédios como o

Pórtico dos Doze Deuses. Enquanto os deuses gregos estavam sempre envolvidos em lutas, as divindades romanas conviviam pacificamente, eram cordatos e harmoniosos, existiam alas sensatas de poderes sobrenaturais no céu e nos subterrâneos. Os romanos pretendiam fazer com que sua arquitetura fosse consensual, harmoniosa e linear. Procuravam criar espaços em que uma pessoa se deslocasse sempre para frente. A geometria do espaço romano disciplinava o movimento corporal e conduzia a regra de olhar e obedecer vinculada ao olhar e acreditar.

A aristocracia romana sempre desconfiou, de algum modo, das tradições helênicas sobre a atitude mais conveniente nas assembleias políticas: os cidadãos deviam ficar sentados ou em pé? O debate ultrapassava as questões de etiqueta e ilustra o quanto os dirigentes romanos eram contrários a qualquer funcionamento verdadeiramente democrático das instituições. Eles desejavam evitar, segundo Rouland, que o povo pudesse reunir-se em grande número e com conforto. A disposição de um assento atravessou até a proibição da construção de teatros de pedra em Roma. Na ocasião, Tácito argumentava que era importante que os teatros deviam servir apenas ocasionalmente e, num período mais remoto, o público devia ficar em pé para evitar que, instalado comodamente, passasse jornadas inteiras no teatro, na ociosidade. Com o avanço das construções imperiais, o caráter deliberativo dessa ordem rudimentar procedia de motivos altamente políticos. A classe dirigente queria muito simplesmente evitar que se criassem condições que favorecessem os debates. Cumpria, pois, vigiar especialmente os ajuntamentos públicos, principalmente no caso dos espetáculos de massa que incitavam paixões e poderiam levar ao descontrole do povo. Como nos jogos, até os não cidadãos podiam comparecer, era fácil supor que os elementos descontrolados da turba podiam criar confusões. Assim, as instalações materiais deviam ser provisórias e desconfortáveis para que o público não permanecesse por muito tempo nestes locais.

Com relação às assembleias políticas, de modo geral, os locais de reunião eram os mesmos, ainda que cada tipo de comício tivesse o seu. Mas estava fora de cogitação permitir, segundo Rouland, que os eleitores se sentassem, por medo de uma transformação não apenas da arquitetura material, mas também política do sistema romano de governo. Quando o próprio César construiu, no Campo de Marte, um edifício destinado a abrigar os votantes, não infringiu essa regra sacrossanta: cobriu o teto, mas eles continuariam em pé, encerrados em longos corredores de 260m de comprimento por 2,50m de largura. Haveria ali dois homens por metro e não mais de quatro indivíduos poderiam manter-se de frente em cada galeria. Ali o debate era impossível e as ideias democráticas não tinham a menor chance de alcançar Roma. Porém, o contato com os gregos foi frutífero em termos de pensamento, métodos de raciocínio e filosofias de vida.

O prestígio de Roma estabelecido desde a era de Augusto foi celebrado por poetas como Virgílio, Horácio e Ovídio. Sua origem estava ligada à natureza dos lugares e aos mitos de sua fundação, mas foi na passagem da república ao império que as construções tornaram-se cada vez mais grandiosas e entraram em conflito com sua organização tradicional. Neste caso, desde Júlio César há a ampliação do Fórum Romano e a construção de um novo. Augusto ocupa o Campo de Marte com a construção do Teatro de Marcelo, as Termas de Agripa, o Panteão, o Mausoléu do imperador, a *Ara Pacis*; começa a dispor sobre o Palatino o Paço Imperial, edifica uma série de templos. Seus sucessores continuaram com os mesmos procedimentos. Nero constrói para si a *Domus Áurea* e reordena os bairros de Roma. Os imperadores Flávios derrubam a casa de Nero e constroem o Coliseu, o maior anfiteatro da cidade; constroem também o Fórum da Paz. Os Severos dão a forma definitiva ao Palácio Imperial no Palatino, completando a perspectiva em direção do Circo Máximo; foram criadas as Termas de Caracala e a Ponte Aurélio sobre o Tibre. Na crise do século III as edificações diminuem; mas ainda assim salientamos os muros de Aureliano, as Termas de Diocleciano e Constantino.

De acordo com Benevolo[26], nestas últimas obras é rompido o equilíbrio clássico entre a forma geral da construção e os detalhes. As

---

26 BENEVOLO, L. *História da cidade*. São Paulo: Perspectiva, 2001.

esculturas e as pinturas se contrapõem à arquitetura como peças de decoração independentes. Depois que Constantino transfere a capital do império para Bizâncio, não se faz mais em Roma outras grandes obras públicas.

O Império Romano distanciava-se deste modo dos antigos valores da República. A cidade eterna, pela expansão imperial, ficou reduzida a uma diversidade praticamente incontrolável. O império repartido perdia seu centro. Roma ficou reduzida a um lugar dedicado ao cerimonial, onde, segundo Sennett, o poder vestia a indumentária e desempenhava os papéis pacificadores da pantomima. Neste contexto, a linguagem da voz era ouvida fracamente e a linguagem visual também caíra no formalismo com a ascensão dos imperadores e a divinização de alguns. Assim, a linguagem visual que expressava o desejo de orientação exata, demonstrava a mesma ânsia que se expressava no gosto pela repetição interminável das imagens, até que se convertessem em verdades inquestionáveis. Tudo isso, para Sennett, era o reflexo das carências de um povo que vivia o desconforto e a intranquilidade. A geometria procurava dar ideia de uma Roma eterna e essencial a salvo das rupturas históricas. Porém, tudo isso aparecia como ficção diante dos novos acontecimentos. Afinal, à fragilidade do poder central e do culto cívico, somavam-se a porosidade das fronteiras, a impossibilidade das expedições de expansão, a crise do escravismo e a proliferação de novas seitas.

Tudo isto feria a mentalidade latina que, como vimos, vivia obcecada pela fronteira. A angústia era antiga, nascera juntamente com o Mito de Fundação. Afinal, Rômulo traça uma fronteira e mata o irmão porque este não a respeita. Se não se reconhecer uma fronteira, não pode haver *civitas*, nem cultura. A língua latina, segundo Eco[27], impõe-se como selo político de uma ordem "desejada", mas não encontrada. Por outro lado, a ideologia da *Pax Romana* e a visão política de Augusto baseavam-se na necessidade de determinar as fronteiras: para lá dos confins, negociavam tratados com reinos vassalos e alianças

---

27 ECO, U. "A linha e o labirinto: as estruturas do pensamento latino". In: DUBY, G. (org.). *A civilização latina*. Lisboa: Dom Quixote, 1989.

móveis e imprecisas, mas a força do império vinha do fato de que as fronteiras eram conhecidas, por isso eles sabiam no interior de que *limen* era necessário para instalar a defesa. Quando deixou de ser clara a noção de fronteira e os Bárbaros impuseram sua visão nômade, Roma acaba, uma vez que a capital do império poderia estar em toda a parte e, portanto, em parte nenhuma. Um império sem centro e periferia já não era um império. Sem centro, a periferia tornava-se insegura. Daí a obsessão dos futuros imperadores germânicos que, para saberem onde e sobre o que reinavam, queriam ser coroados em Roma. Mas Roma fundiu o modelo latino com modelos orientais e helenísticos e passa, então, a considerar-se depois de sua cristianização, um império universal que já não mais estava ancorado territorialmente.

Júlio César, ao transpor o Rubicão, viu-se confrontado com a mesma angústia que talvez tenha se apoderado de Remo antes de violar a fronteira. César sabe que, atravessando o rio, invadirá, em armas, o território romano. Para Eco, pouco importa que se estabeleça em Rímini ou marche sobre Roma: o sacrilégio é consumado no momento em que atravessa a fronteira. Já Meier coloca a questão de que César, depois de tantos anos afastado do centro romano de poder, não podia reconhecer a permanência das tradições e tomou a situação que encontrara como uma violação.

9
Percursos da educação em Roma

Em Roma havia escolas elementares dirigidas pelo *ludi magister* e destinadas à alfabetização primária: ler, escrever e calcular. As escolas secundárias ensinavam gramática e cultura em geral: música, geometria, astronomia, literatura e a oratória. Havia o predomínio da literatura na sua forma gramatical e filológica por meio da *lectio, enarratio, emendatio* e do *judicium*.

As escolas de retórica dedicavam-se ao valor atribuído à palavra; ao estudo de textos literários com relação ao estilo e ao treinamento para a *declamatio* por meio dos vários tipos de retórica, a política, a forense, a filosófica etc. Nelas elaboravam-se as *suasoriae* ou discursos sobre exemplos morais e as *controversiae* ou debates sobre problemas reais ou fictícios. Havia, com relação aos gregos, pouco estudo de gramática, música, ciência e filosofia.

Havia escolas técnicas e profissionalizantes ligadas aos ofícios e às práticas de aprendizado das diversas artes e ofícios. Em Roma, os artesãos foram e permaneceram predominantemente homens livres ou libertos e entre eles se desenvolveu a ideologia do trabalho. Desenvolveu-se até uma alfabetização (o *ludus*) a serviço da formação profissional. No *paedagogium*, que era um edifício *ad hoc* ou a parte da casa patronal se treinavam os servos e os artesãos e também eram dadas palestras de formação para os libertos.

Os *collegia* ou *corpora* acolhiam e formavam novos mestres dentro de um treinamento estritamente programado. As escolas da casta sacerdotal dedicavam-se à formação dos mediadores sociais do sagrado. Rígida disciplina para a leitura dos sinais dos deuses – auspícios – presentes no rito e em outros eventos – sacrifícios etc. – e para a decodificação dos responsos sibilinos que se manifestavam no *transe* sagrado. A origem dos sacerdotes era a nobreza senatorial e depois foi ampliada na magistratura de uma "jurisprudência sacra".

Nas escolas de soldados havia o adestramento para o ofício das armas e espírito de corporação. A ideologia nobiliária, mais arcaica e heroica, ligada ao soldado/cidadão cede lugar ao soldado profissional. A técnica perfeita, somada a uma ética marcada pela prudência e pela devoção, dão lugar ao princípio de "prestar serviço sem poupar-se" e de fidelidade ao imperador. Essa dedicação inventa até uma linguagem própria, o *sermo militaris* com características típicas como concisão, expressividade, jocosidade, gosto pela ironia e pela metáfora, densa de neologismos e já distante da língua oficial, até mesmo falada. O serviço militar era uma ocasião de formação profissional, de educação moral e de amadurecimento civil, além de alfabetização pelo menos primária[28].

---

28 Para um maior aprofundamento da educação em Roma, cf.: MARROU, H.-I. *História da educação na Antiguidade*. São Paulo: Edusp, 1966. • VEYNE, P. *La société romaine*. Paris: Seuil, 2001.

10

A conquista romana e o sincretismo cultural

A conquista romana, apesar da não intervenção cultural no mundo oriental, foi por ele, de certa forma, conquistada. Roma recolheu a herança das monarquias helenísticas por meio de suas províncias da Grécia, da Macedônia, da Pérsia e do Irã. Apesar do poder estar centralizado em Roma, o Ocidente latino foi fortemente influenciado pelo Oriente helenizado, principalmente por suas religiões e filosofias de vida.

Ainda que a cultura latina estivesse presente em toda parte de suas conquistas, determinados particularismos provinciais permaneceram para além da dominação romana e, de fato, um cosmopolitismo foi criado a partir de uma consciência imperial. Pelo menos, durante os primeiros séculos da ordem imperial, os súditos usufruíram dos benefícios da *pax romana*, pois a dominação romana de certa forma não aparecia como opressiva.

A unificação política e cultural do mundo mediterrâneo desdobrou-se numa unificação religiosa notável. Politeísmos de caráter provincial conviviam sob a mesma autoridade política. Roma dava toda a liberdade aos ritos locais, mas esperava que as populações locais rendessem homenagem às divindades romanas, juntando assim, uma coloração religiosa à lealdade política. Quanto mais Roma conquistava, mais crescia seu panteão com a incorporação de novos deuses. Porém, diante da expansão de tantas figuras divinas surgia um movimento de simplificação, no mesmo sentido das equivalências de atributos que fizeram com que os deuses gregos tivessem seu equivalente romano. Agora, com os novos contatos com as províncias orientais, a simples justaposição tendeu para um reagrupamento. Houve fusões de cultos distintos que produziram um sincretismo religioso que caracterizou a história do paganismo antigo nas proximidades da era cristã. Como diz Marcel Simon[29], no limite, por meio de simplificações operadas no panteão, despontava uma tendência a um monoteísmo, mais ou menos sentido, formulado e pensado.

Plutarco[30] formulou o que se poderia denominar teoria ou teologia do sincretismo monoteísta. Para ele, não existiriam diversos deuses para diversos povos e sim uma única inteligência que reinaria no mundo, uma única Providência. As únicas diferenças seriam a forma dos cultos, os nomes e os símbolos. No sentido de adquirir um pensamento teológico estruturado, o paganismo em declínio junto com o império, sofreu a influência dos diferentes sistemas filosóficos da Antiguidade.

Para nosso propósito convém destacar um componente que reforça a tendência apontada na religião pagã, ou seja, o culto imperial que nascera com o Principado. Suas raízes históricas, de acordo com Simon, devem ser buscadas nos grandes impérios do Oriente Próximo antigo e, mais diretamente, nas práticas religiosas das monarquias helenísticas que consideravam normal prestar honras divinas à pessoa do soberano. Com a conquista, as províncias orientais transferiram essa homenagem à deusa Roma durante o período republicano. Contudo, tão logo instaurou-se, por obra de Augusto, um regime de poder pessoal, operou-se nova transferência em benefício do príncipe. O que para os gregos seria impensável, para os romanos significou um modo de reforçar a lealdade de seus súditos, conferindo-lhe forma religiosa. Porém, como a tradição romana também não admitia tão facilmente a figura do poder concentrada e divinizada em um só homem, eles contornaram essa questão a partir da distinção entre a pessoa física do

---

29 SIMON, M. *La civilization de l'antiquité et le christianisme*. Paris: Arthaud, 1972.

30 Plutarco foi um escritor grego que escreveu sobre assuntos científicos, filosóficos e religiosos.

príncipe e seu *Genius*; e era a este que deveria dirigir-se a devoção dos súditos. Sob essa forma, a devoção deixava de ser um escândalo, pois os romanos estavam habituados, de longa data, a cultuar o *genius* do pai de família. A divinização do imperador vinha apenas depois de sua morte por meio de sua integração no panteão com o título de *divus*. Na prática, porém, imperadores como Calígula queria fazer-se deificar em vida; Domiciano também queria ser reconhecido como *Dominus et Deus*. O movimento acelerou-se a partir dos Severos e simultaneamente desenvolveu-se uma teologia imperial que fornecia ao culto dos soberanos um ponto doutrinário de apoio. Neste caso, o imperador seria o delegado do Deus supremo, seria uma espécie de réplica do deus Sol que regia o universo físico. Existia entre o imperador e o sol um vínculo de consubstancialidade. Na tetrarquia, esse vínculo era dado sob o patrocínio de Júpiter e Hércules. De qualquer forma, o caráter supra-humano dos príncipes era sublinhado.

Se por um lado essa espécie de monoteísmo poderia ajudar na expansão do cristianismo, por outro constituía um grande problema a não diferenciação entre o divino e o humano que, diga-se de passagem, os gregos sempre souberam preservar. Para Simon, apesar do repúdio categórico dos cristãos ao culto imperial, podem-se notar algumas convergências no plano das ideologias. Como o Cristo, o imperador era um deus encarnado. Talvez, ao popularizar a ideia de uma encarnação divina na pessoa do príncipe, a teologia imperial houvesse ajudado alguns pagãos a aceitar a doutrina da encarnação do Filho de Deus.

Houve também neste período o contato com as escolas filosóficas helenísticas e dentre elas fez sucesso o epicurismo com sua concepção materialista do universo e a indistinção entre espírito e matéria. A própria alma seria feita de átomos que se dissociavam no momento da morte. Não havia, deste modo, a noção de imortalidade, salvo no que dizia respeito aos deuses, pois estes levavam uma existência de perfeita beatitude longe dos problemas decorrentes da condição humana. Ainda que houvesse uma apropriação do epicurismo como a busca dos prazeres sensuais, para Epicuro o verdadeiro prazer residia na ausência de paixões, de qualquer desejo gerador de sofrimento, de toda preocupação e todo temor, inclusive o da morte. Por meio dessa ataraxia ou imperturbabilidade, haveria a paz da alma e a renúncia que para se realizar devia impor um ascetismo. Neste sentido, o epicurismo se aproximava da escola rival, o estoicismo que foi fundamental ao alimentar a religiosidade do paganismo declinante do império. Na realidade, segundo Simon, duas escolas filosóficas imprimiram sua marca no pensamento pagão e contribuíram para o despertar de um pensamento cristão: o estoicismo e o platonismo.

Mesmo concebendo o mundo de modo materialista, por trás desta crença, os estoicos discerniam um elemento ativo, uma fonte de energia que denominavam *pneuma*, isto é, sopro, e o concebiam igualmente como material, como um fogo, um vapor ardente. Por meio dele é que o *lógos*, a razão criadora de vida, consubstanciava-se com o *lógos* universal. O homem era, então, um microcosmo, feito à imagem do macrocosmo que era o universo. O ideal de vida seria o acordo com a natureza por uma vida virtuosa e feliz, obtida por meio de um esforço da vontade. No centro das preocupações estoicas estava uma ética que buscava o essencial a partir de um desinteresse sereno, uma apatia e um total domínio de si, a autarquia. Essa seria a verdadeira pátria, daí o sucesso do estoicismo também no mundo grego quando a *pólis* entrou em crise. Assim, o estoico considerava-se cosmopolita, ou seja, cidadão do universo que o Imperador Marco Aurélio chamava de "cidade amada por Zeus".

O estoicismo com seu zelo pela disciplina moral e perfeição convergia também com o ideal romano mais tradicional da gravidade, *gravitas* que o Império Romano concretizava fornecendo-lhe como moldura uma cosmópolis estoica. Compreende-se assim, que durante o Principado romano o estoicismo tenha assumido uma nova forma que se adaptava à situação e aos problemas romanos.

O estoicismo afastava-se em alguns pontos do cristianismo primitivo, mas por outros se aproximava. Ao afirmar que por trás das desigualdades sociais e diferenças de ordem geográfica havia uma igualdade básica entre os homens, dado que em todos eles existia uma centelha divina, o cosmopolitismo filantrópico estoico aparentava-se de modo direto ao universalismo cristão. Mas foi o platonismo, entre todas as doutrinas antigas, a que exerceu sobre as primeiras gerações cristãs influência mais profunda, tanto diretamente quanto por meio de outros sistemas com os quais se amalgamou, como, por exemplo, o estoicismo.

O platonismo, com sua estrutura dualista do universo, o sensível e o inteligível, repete no próprio homem a oposição entre corpo e alma. Neste caso, o mundo transcendente das Ideias se superpõe ao mundo sensível, que não passa, na melhor das hipóteses, de reflexo do primeiro. O corpo era perecível e deste modo, a verdadeira pátria da alma seria, então, o mundo superior do inteligível. Como a alma cai na matéria corporal, a vocação do homem seria escapar ao mundo material a fim de que seu ser espiritual pudesse unir-se ao divino que era a sua fonte. A alma seria imortal e convocada à contemplação da Verdade e do Bem.

Ainda que houvesse muitas diferenças na retomada do platonismo, há um ponto de convergência entre seus pensadores. Para eles, a fonte de todas as coisas era o Um, o Absoluto, o Infinito, ou seja, Deus. Deus transcende todas as categorias do entendimento humano e escapa a qualquer definição; situa-se além do Ser. Para Simon, o platonismo desempenhou um papel considerável na existência do paganismo greco-romano. Foi dele que, como vimos, tomou os elementos essenciais para dotar-se de uma teologia que a princípio lhe faltava por completo.

Para Simon e Hadot[31] o sucesso dos cultos orientais no Império Romano como os cultos de mistério[32] deveu-se, sobretudo, porque ofereciam segurança, salvação, e imortalidade e forneciam os meios para alcançá-las. Uma doutrina de tal natureza, ausente do paganismo clássico, era sedutora na medida em que se apoiava em rituais mais ricos que as liturgias tradicionais e congeladas da religião imperial.

---

31 HADOT, P. *O que é a filosofia antiga*. São Paulo: Loyola, 2004.

32 Os cultos de mistério, além do grego de Elêusis, abrangiam também os mistérios órfico-dionisíacos, os cultos frígios de Cibele e Átis, os egípcios de Ísis e Serápis, o culto sírio de Adônis e o culto de Mitra, que fez sucesso junto às legiões romanas.

Enquanto a catequese atendia simultaneamente às demandas da inteligência e às aspirações do coração, dando respostas a problemas que o paganismo clássico não resolvera, os ritos, por seu lado, falavam à imaginação e aos sentidos. Havia um fascínio perturbador. Com frequência as cerimônias eram feitas à noite com luz de tochas e, no mitraísmo, tão caro aos soldados romanos, as cerimônias eram realizadas em santuários subterrâneos. Estava-se longe da impassibilidade dos deuses olímpicos. Por outro lado, havia também exigências morais em alguns desses cultos, e em todos eles a preocupação com a pureza era fundamental, tanto física quanto espiritual.

No mitraísmo, a felicidade de cada um dependia do comportamento que tivesse neste mundo. Ao afirmar que o homem devia cooperar com todas as suas forças na obra da salvação, o culto de Mitra reduzia os riscos de formalismo e desvio para a magia,

No entanto, houve também com relação aos cultos de mistério a reputação de imoralidade que os círculos praticantes adquiriram aos olhos de romanos mais conservadores. De fato, a sensualidade mais desenfreada encontrava ambiente favorável em certas cerimônias iniciáticas. O quadro geral que se pode esboçar das religiões orientais evidencia, ao lado de pontos luminosos, numerosas zonas sombrias. Foi em torno dos cultos orientais, ou com a ajuda de seus elementos, que a velha religião tentou revigorar-se diante da concorrência cristã. Afinal, a igualdade de todos os homens perante um único Deus onisciente, onipresente e onipotente e ainda a ideia de pertencimento a uma família constituída e reconhecida pela identidade religiosa cristã era um perigo. Toda a estrutura hierárquica na qual se baseava a força romana poderia ser abalada. O nome, o *census*, o poder do pai etc. já não faziam sentido para um cristão. A família era, neste caso, constituída apenas pelo reconhecimento religioso entre os cristãos. Todos os cristãos se viam como irmãos independentemente de sua condição e estatuto social. Um escravo cristão era igual a um aristocrata convertido. Por outro lado, quando torturados em público, os cristãos jamais respondiam pelos critérios romanos. Não diziam seu nome de família, apenas confessavam que eram irmãos de outros cristãos e além de resistirem às torturas, alguns também aceitavam tranquilamente a morte. Todo esse espetáculo impressionava um público que não podia compreender tal comportamento tão distinto das tradições de uma sociedade hierarquizada e da família romana assentada no poder do nome do pai.

No entanto, o ano de 312, no Império Romano, marca um momento decisivo na história ocidental com a conversão do Imperador Constantino ao cristianismo e sua transformação em religião oficial do império. Inicialmente o cristianismo primitivo era mais uma seita que crescia entre outras. Porém, sua força foi capaz de comprometer o tecido religioso da sociedade. Entre os anos de 303 a 311 os cristãos foram perseguidos. Em 311, durante a tetrarquia um dos imperadores, segundo Veyne[33], estava decidido a pôr fim àquele estado de coisas, reconhecendo amargamente em sua atitude de tolerância que perseguir não adiantava nada, pois muitos cristãos que tinham renegado sua fé para salvar a vida não tinham voltado ao paganismo.

Constantino, o herói dessa história, converteu-se ao cristianismo depois de um sonho. Segundo Veyne, sua conversão permitiu-lhe participar daquilo que ele considerava uma epopeia sobrenatural, de assumir a direção desse movimento e com isso a salvação da humanidade. Mal se tornou chefe do ocidente romano, escreveu em 314 a bispos romanos de uma Igreja já organizada institucionalmente, chamando-os de "queridíssimos irmãos" e dizendo que a santa piedade eterna e inconcebível de Deus se recusaria de modo absoluto a permitir que a condição humana continuasse a errar nas trevas. Por outro lado, o número de pagãos no império era muito maior que o de cristãos. Como convertê-los?, perguntava-se o imperador que acabou optando pela tolerância. Constantino jamais seria um perseguidor e proíbe formalmente as acusações por motivo religioso.

Para Veyne, a função de imperador romano era de uma ambiguidade enlouquecedora. Basta lembrarmos que, ao longo do império, fo-

---

33 VEYNE, P. *Quando nosso mundo se tornou cristão (312-394)*. Rio de Janeiro: Civilização Brasileira, 2010.

ram poucos os imperadores que mantiveram um razoável equilíbrio. Um César devia ter quatro linguagens: a de um chefe cujo poder civil é do tipo militar e que dá ordens; a de ser superior, mas sem ser um deus vivo em torno do qual se cria um culto à personalidade; a de um membro do grande conselho do império, o senado, no qual ele é nada menos do que o primeiro entre seus pares, que nem por serem seus pares deixam de tremer quando pensam em suas cabeças; a do primeiro magistrado do império que se comunica com seus concidadãos e se explica diante deles. Em seus ordenamentos ou proclamações, em 324, Constantino optou por essa linguagem, misturando-a a uma quinta, a de um príncipe cristão convicto, propagandista de sua fé e que considera o paganismo uma "superstição desvantajosa", enquanto o cristianismo é a "santíssima lei" divina. Mas Constantino também considera que existe em favor dele um domínio reservado: sendo o cristianismo sua religião pessoal – que depois continuará praticamente, com seus sucessores cristãos, a religião do trono –, ele não permite que sua própria pessoa seja conspurcada pelo culto pagão. Neste sentido, ele deixou o povo se divertir em grandes festas, mas proibiu qualquer sacrifício de animais, desinfetando assim os ritos pagãos. Constantino chegou a esquecer, em 314, de celebrar os soleníssimos Jogos Seculares, que, de 100 em 100 anos, festejavam em vários dias e noites de cerimônias pagãs e de sacrifícios, a data lendária da fundação de Roma. Assim, Constantino quebrou o equilíbrio entre as duas religiões, menos se voltando contra o paganismo do que favorecendo os cristãos: mostrava a todos os súditos que seu soberano era cristão, qualificava o paganismo de baixa superstição em seus textos oficiais e reservava as tradicionais liberalidades imperiais à religião cristã; mandou construir muitas igrejas e nenhum templo pagão.

Conclusão

O caráter agrário é estabelecido em Roma, desde sua fundação, por deuses da agricultura e pela centralidade da *gens* e do *pater famílias* e, sobretudo, pela fidelidade ao *mos majorum*. Com a Lei das Doze Tábuas, esse valor da tradição: o espírito, os costumes e a disciplina dos pais, fixaram a dignidade, a coragem e a firmeza como valores máximos, acrescidos pela piedade, *pietas* e gravidade. A expansão romana territorial e política subverteu essa ordem social, cultural e educativa. Após a unificação da Itália, Roma se lança ao Mediterrâneo e, vencendo Cartago, assume o protagonismo político do mundo mediterrâneo e depois o médio-oriental.

A assimilação do mundo grego pelos romanos, da sua cultura artística, científica e filosófica juntamente com as religiões de mistério e cultos orientais altera substancialmente os costumes tradicionais do *mos majorum*. A formação do cidadão romano com sua superioridade por meio da consciência do direito, fundamento da própria romanidade, e sua consciência da realização da *res publica* que garantia, a cada um e a todos, por meio das instituições e do direito, a sua segurança pessoal e da sua propriedade. A manutenção e a expansão da República tinha como base a família centralizada na autoridade paterna, mas também da mãe, que era reconhecida como sujeito educativo, ao iniciar seus filhos nas virtudes romanas, e ao controlar a educação dos filhos, confiando-os a pedagogos e mestres.

Mas, de fato, Roma foi helenizada e a pedagogia mudou completamente ao libertar-se do seu vínculo com o "costume" romano arcaico e republicano. O ideal agora era o da formação humana pela cultura, que produziria uma expansão e uma sofisticação, bem como uma universalização das características próprias do homem. A *paideia* de Platão, de Isócrates, de Aristóteles e das escolas helenísticas entram na cultura pedagógica romana, sobretudo por obra do grande mediador entre estas duas civilizações – a grega e a romana – que foi Cícero (106-43 a.C.). A ele devemos a versão latina da noção de *paideia* na de *humanitas*, que sublinha ulteriormente sua universalidade e seu caráter retórico-literário, permanecendo no centro da reflexão educativa e da organização escolar no Ocidente.

Cícero estudou com os céticos em Atenas e retórica em Rodes. Acompanhou o estoico Possidônio e foi um crítico da corrupção política e moral. Desenvolveu a concepção do orador como modelo de cultura e de *humanitas* – o verdadeiro orador seria o homem ideal que reúne em si a capacidade de palavra, a riqueza de cultura e a capacidade de participar, como protagonista, da vida social e política. É o homem da *pólis* grega, reativado e universalizado pelo culto da *humanitas*, que se completa com o estudo das artes liberais, das *humanae litterae* e da retórica, em particular. Cícero também elaborou observações sobre a formação dos jovens. A ensaística moral das escolas filosóficas helenísticas convidam a cultivar a amizade como meio também educativo e a enfrentar a velhice com sabedoria e decoro, por meio de um processo de autoeducação. Com a helenização de Roma, os homens deviam ser portadores de uma humanidade universal desvinculada do *mos majorum* e ligada ao papel de *civis romanus*. Com Varrão (116-27 a.C.) é fixado o esquema das artes liberais ligando a elas o processo da instrução, que compreendia gramática, lógica, retórica, música, astronomia, geometria e aritmética (mais medicina e arquitetura). Com Quintiliano (35-96 d.C.) a educação retórica isocrática é retomada como "eixo educativo". Há o interesse na didática e na aprendizagem por parte do menino e do rapaz, e de técnicas de ensino, nas quais o docente devia tornar-se perito, solicitando a memória do discente e estimulando a plasticidade da mente infantil.

Com Epicteto é apresentado um percurso para permitir ao homem, a todo homem, autocontrolar-se e autodirigir-se, até atingir aquela indiferença em relação ao destino que é a condição da felicidade humana e que se pode elaborar só por meio de exercícios e de meditação. Com Sêneca, há o estudo dos diversos aspectos da vida moral como a ira, a clemência, os deveres, o ócio, a tranquilidade etc. e um controle da dor de um homem que pertence a um mundo sustentado por uma providência racional com a valorização de uma ética da igualdade e do amor universal.

Com Marco Aurélio, os textos estoicos são enriquecidos por uma consciência individual forte, por uma vontade de autocontrole e de ascese que tornaram suas *Meditações*, pelo menos até as *Confissões* agostinianas, o mais próximo da sensibilidade instável e fugidia, constantemente problemática para os modernos, na formação daquele sujeito-indivíduo que depois será tarefa do cristianismo potencializar e generalizar.

Essa visão de Roma sobre si própria, de grandiosidade e bravura conquistadora desejada pelos deuses desde suas origens lendárias, impedia que eles temessem seus adversários. Segundo Le Roux[34], as populações mais próximas pareciam destinadas a uma integração progressiva e pacífica em razão da força de atração da civilização romana tão superior. Ainda que o espetáculo de uma sociedade imperial corrompida e destituída de alma nutrisse a nostalgia pelas virtudes dos antepassados, os contemporâneos do desmoronamento do Império Romano do ocidente não tomaram consciência dele. O problema do declínio foi formulado apenas pelos humanistas italianos que realmente precisavam compreender de que modo aquela tradição antiga podia ter sido interrompida durante um longo período que eles chamaram de Idade Média.

Para Marrou[35], essa questão não podia ser colocada nos termos acima apontados, pois para nós é que existe uma noção de tempo que possui um sentido, um "devir". Para os antigos, o tempo era circular e o "devir" para eles estava indissoluvelmente ligado à corrupção, ao declínio. A geração de algo era constituída pela passagem da potência

---

34 LE ROUX, P. *Império Romano*. Porto Alegre: L&PM, 2009.

35 MARROU, H.-I. *Decadence romaine au Antiquité tardive?* Paris: Seuil, 1977.

ao ato, do não ser à existência; era uma mudança constante. Por isso, para eles, tudo que começava deveria acabar um dia. Desde as origens, os antigos estavam familiarizados com a ideia de um declínio inevitável. Os historiadores antigos acreditavam em uma teoria da evolução histórica em que os regimes políticos, comparáveis a organismos vivos, passam necessariamente por três etapas, crescimento, maturidade e declínio. Assim, todos os historiadores de Roma como Salústio, Tito Lívio e Tácito, lançaram sobre sua época o mesmo olhar melancólico e triste perante o declínio iniciado. Por outro lado, após o declínio, eles acreditavam em uma *renovatio temporum*, uma renovação do tempo, obtendo assim do destino um novo contrato de duração, ou mesmo uma duração sem fim, a eternidade da Roma perpétua ou *aeterna*. Assim como os estoicos haviam ensinado que o cosmo antes de renascer desapareceria por conflagração, os cristãos, por seu lado, esperavam o fim do mundo antes da ressurreição. Para eles havia signos precursores desse evento derradeiro – guerras, tremores de terra, pestes, fomes, sinais terríveis aparecendo no céu –, o que os encorajava a reconhecer o começo das dores do parto nas catástrofes históricas de todo tipo que aqueles tempos conturbados testemunhavam.

Analogamente, a convivência pacífica com os bárbaros que habitavam as fronteiras de Roma só se tornou, de fato, uma ameaça ou sinais claros de declínio quando começaram as invasões bárbaras e a instalação deles a partir do século V. Neste sentido, vale a pena lembrar que o Ocidente medieval nasceu sobre as ruínas de Roma que partira de seu próprio modo de organização e não de causas externas como as invasões ou a vinda do cristianismo pelo Oriente. Como aponta Le Goff[36], Roma legou à Europa Medieval a dramática alternativa que a lenda de suas origens simboliza: a Roma fechada do *pomerium*, a faixa interdita e do *templum* que primitivamente era o terreno reservado aos áugures para a observação do voo das aves. Posta por Rômulo sob o signo do fechado, a história romana, mesmo com sua imensa expansão, é apenas a história de uma grandiosa clausura. No interior de seus muros,

---

36 LE GOFF, J. *A civilização do Ocidente medieval*. Vol. 1. Lisboa: Estampa, 1983.

Roma explorou sem criar: sua economia era alimentada pela pilhagem, as guerras vitoriosas forneciam mão de obra servil e os metais preciosos vinham do Oriente conquistado. Roma foi inexcedível nas artes conservadoras: a guerra foi sempre defensiva, apesar das aparências da conquista; o direito foi construído sobre os precedentes; o sentido do Estado assegurava a estabilidade das instituições e a arquitetura, como vimos, era a arte da habitação e da permanência do sagrado.

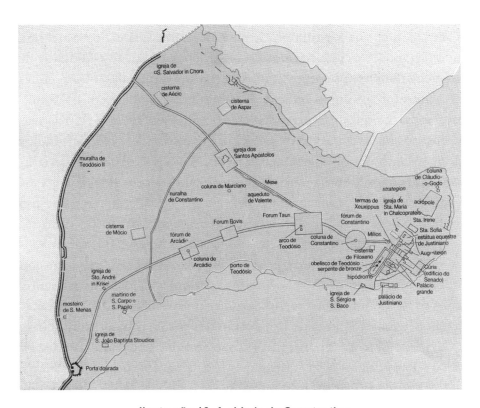

Ilustração 16 A cidade de Constantino

Fonte: CORNELL, T. & MATTHEWS, J. *Roma, legado de um império*. Vol. II. Madri: Del Prado, 1996, p. 204 [Coleção Grandes Impérios e Civilizações].

Resumindo, a crise do século III minou a unidade do mundo romano. As províncias emanciparam-se e passaram a ser também conquistadoras. Espanhóis, gauleses e orientais já faziam parte do senado e o édito de Caracalla, de 212, deu cidadania a todos os habitantes do império. A ascensão das províncias realmente mostra o êxito da romanização, mas também o aumento das forças centrífugas. Em suma, podemos compreender o mundo romano não apenas na aposta de sua expansão, mas também compreendê-la como um modo de preservação dos antigos valores do Lácio: uma fiada de montanhas, colinas, as margens banhadas por águas paradas, onde veio acostar Eneias, como aponta Duby[37]. Neste país, a Loba aleitou Remo e Rômulo e se fundou Roma. Ainda que envolta em brumas lendárias, daquele ponto saiu uma das mais vastas e coerentes construções políticas e militares de todos os tempos. Aventuras cada vez mais prolongadas e longínquas reuniam homens em expedição de pilhagem, de onde traziam sobretudo escravos que sustentavam a empresa dos guerreiros. Afinal, eles e seus cavalos precisavam de alimentos que os crescentes latifúndios iriam garantir. Junto a essa agressão sistemática desenvolvia-se também um suporte, uma trama de acampamentos fixos, guarida em cada etapa, ligações que convergiam para a cidade e que, segundo o mesmo autor, não deixou de se ramificar e fortalecer. Desta base dependia o sucesso da expansão e sua solidez. Aos saqueadores organizados vieram juntar-se construtores de muros, pontes e estradas. A colonização começou cedo, como podemos observar nas figuras apresentadas. Inicialmente, latinos instalavam-se nos territórios mais férteis e remodelavam a paisagem original. Réplicas de Roma eram construídas como símbolo da ordem instaurada. Como território sacralizado, as cidades deviam irradiar a paz e a justiça. Portas solenes proclamavam o vigor do direito; vias ortogonais conduziam ao fórum, às basílicas, onde magistrados apaziguavam as discórdias e aos templos aos deuses do poder. A cidade, para Duby, era a marca de uma dominação, um teatro para a manifestação solene do poder; águas disciplinadas por aquedutos, festas,

---

37 DUBY, G. (org.). "Abertura". *A civilização latina*. Lisboa: D. Quixote, 1989.

jogos e o prazer dispensado aos vencidos que consentissem em colaborar ali estavam. Era-lhes prometido a completa incorporação nesta felicidade edificada sobre a escravatura, que o império pretendia ser.

Tal promessa, como vimos, foi cumprida; o direito de cidade foi enfim concedido a todos os povos, todos os homens livres feitos cidadãos romanos, reunidos sob o mesmo estatuto. Tal unidade fundava-se também na linguagem dos mandamentos militares, dos decretos de justiça e das liturgias do poder. A língua do velho país latino impunha-se sobre falas locais e quem desejasse participar da glória de Roma deveria aprendê-la, usá-la corretamente. A latinidade apresentava-se como uma rede lançada à água capturando nas suas malhas políticas, jurídicas e linguísticas as populações anteriores. Lançada do Lácio, ao sul encontrava o deserto africano, alcançava a Ilha da Bretanha e desdobrava-se até o Reno e o Danúbio, onde esbarravam com os Bárbaros; a Mesopotâmia era um limite intransponível com um império concorrente. Deste modo, a latinidade circunscrevia-se em torno do Mediterrâneo, mas toda sua parte oriental, a mais rica, evoluída e fecunda jamais foi latinizada; mantinha-se fiel ao grego. Os romanos que nelas se instalavam comportavam-se como novos ricos mal-acostumados.

Quando a imensidão territorial mostrou para Roma os limites de sua administração e o império ficou sem um centro, o antigo poder deslizou para as províncias helenizadas. No sítio de Bizâncio, como vimos, Constantino estabeleceu a nova Roma. Para Duby, esta transferência é o símbolo de uma inversão: em posição a partir daí subalterna, a parte latina foi por sua vez colonizada. Para Roma dirigiram-se escravos cultos que começaram a educar os romanos com sua cultura superior. Além da penetração das escolas filosóficas, como vimos, encontrava-se também uma nova religião: o cristianismo que, quando deixou de ser uma seita perseguida e tornou-se a religião oficial do império e tomou para si a linguagem e a forma deste poder. Os antigos magistrados foram lentamente substituídos por bispos e o latim tornou-se a língua do cristianismo.

Na parte ocidental do império o sistema desmoronava-se sob o peso de sua própria estrutura militar e escravista. Não havia mais nenhum território a ser conquistado ou espoliado e os exércitos começavam a voltar-se uns contra os outros. Para fugirem ao peso do fisco, os dirigentes trocavam as cidades pelos campos. Ao norte e a oeste, as migrações dos povos bárbaros penetravam sob formas diversas. Em geral, neste aspecto, notamos uma latinização de costumes bárbaros e também uma barbarização de costumes romanos. Ao sul havia, além do deserto, novos conquistadores convertidos ao Islã. Nas províncias mais fragilizadas de Roma, o árabe submergiu o latim. Por toda parte, segundo Duby, a latinidade era reabsorvida, mas foi salva pela Igreja. Por meio dela sobreviveu a ideia de que havia uma *lex* e um *jus* baseados nos textos escritos e na língua dos imperadores. Inserida no cristianismo, segundo o mesmo autor, a latinidade tornou-se a partir daí o laço por meio do qual se pôde manter uma espécie de unidade entre as partes disjuntas da antiga formação política. Na Igreja perdurava a convicção de que o império poderia renascer depois das adversidades, e que correspondia às intenções de Deus procurá-lo reviver de modo realmente verdadeiro, ou seja, como império cristão cuja cidade perfeita não seria mais Roma, e sim a Jerusalém Celeste.

A fundação de Constantinopla – a nova Roma – materializou a inclinação do mundo romano para o Oriente. A separação entre Oriente e Ocidente já estava inscrita nas realidades do século IV. Bizâncio continuará Roma e o Ocidente empobrecido e barbarizado terá de repetir todas as fases de um levantar voo que no fim da Idade Média lhe abrirá os caminhos de todo mundo; mas aí já é outra história...

Referências

AGAMBEN, G. *Profanações*. São Paulo: Boitempo, 2007.

BENEVOLO. L. *História da cidade*. São Paulo: Perspectiva, 2001.

BLOCH, R. *Les origines de Rome*. Paris: Presses Universitaires de France, 1946.

BORDET, M. *Précis d'histoire romaine*. Paris: Armand Colin, 1969.

CALLOIS, R. *O homem e o sagrado*. Lisboa: Ed. 70, 1988.

CAMPOS, R.C.B. & ALMEIDA JR., A.M. *História geral*. Rio de Janeiro: Abril, 1973.

DUBY, G. (org.). *A civilização latina*. Lisboa: Dom Quixote, 1989.

ECO, U. "A linha e o labirinto: as estruturas do pensamento latino". In: DUBY, G. (org.). *A civilização latina*. Lisboa: Dom Quixote, 1989.

FONTANIER, J.M. *Vocabulário latino da filosofia*. São Paulo: WMF/Martins Fontes, 2007.

FRAZER, J. *O ramo de ouro*. Rio de Janeiro: Zahar, 1982.

HADOT, P. *O que é a filosofia antiga*. São Paulo: Loyola, 2004.

LE GOFF, J. *A civilização do Ocidente medieval*. Vol. 1. Lisboa: Estampa, 1983.

LE ROUX, P. *Império Romano*. Porto Alegre: L&PM, 2009.

MARROU, H.-I. *Decadence romaine au Antiquité tardive?* Paris: Seuil, 1977.

_____. *História da educação na Antiguidade*. São Paulo: Edusp, 1966.

MEIER, C. *La naissance du politique*. Paris: Gallimard, 1995.

_____. *César*. Paris: Seuil, 1989.

_____. *Introdución a la antropología política de la Antiguedad clásica*. México: Fondo de Cultura Económica, 1985.

MESLIN, M. *L'homme romain, des origines au I siècle de notre ère*. Paris: Hachette, 1978.

NICOLET, C. *Le métier de citoyen dans la Rome republicaine*. Paris: Gallimard, 1976.

PETIT, P. *História antiga*. Rio de Janeiro: Bertrand Brasil, 1989.

ROULAND, N. *Rome, democratie impossible?* – Les aucteurs du pouvoir dans la cité romaine. Paris: Actes Sud, 1981.

SENNETT, R. *Carne e pedra*. Rio de Janeiro: Record, 1997.

SIMON, M. *La civilization de l'antiquité et le christianisme*. Paris: Arthaud, 1972.

VEYNE, P. *Quando nosso mundo se tornou cristão* (312-394). Rio de Janeiro: Civilização Brasileira, 2010.

_____. *La société romaine*. Paris: Seuil, 2001.

Teoria e formação do historiador

José D'Assunção Barros

Este livro é proposto como um primeiro passo para o estudo da História como campo de saber científico. A obra apresenta-se como um convite para que os seus leitores, em especial os estudantes de História, aprofundem-se posteriormente em obras mais complexas – como é o caso da coleção *Teoria da História*, em cinco volumes, assinada pelo mesmo autor e também publicada pela Editora Vozes.

O texto é particularmente adequado para o ensino de Graduação em História, especialmente em disciplinas ligadas à área de Teoria e Metodologia da História. A obra também apresenta interesse para outros campos de saber, uma vez que discute, em sua parte inicial, o que é Teoria, o que é Metodologia, o que é Ciência, bem como a relatividade do conhecimento científico. Além disso, a sua leitura beneficiará o leitor não acadêmico que deseja compreender o que é realmente a História enquanto campo de saber científico, pois nela são refutadas perspectivas que, embora já superadas entre os historiadores, ainda rondam o imaginário popular sobre o que é História.

José D'Assunção Barros é historiador e professor-adjunto de História na Universidade Federal Rural do Rio de Janeiro (UFRRJ), além de professor-colaborador no Programa de Pós-Graduação em História Comparada da Universidade Federal do Rio de Janeiro (UFRJ). Doutor em História pela Universidade Federal Fluminense (UFF) e graduado em História pela Universidade Federal do Rio de Janeiro (UFRJ), possui ainda graduação em Música (UFRJ), área à qual também se dedica ao lado da pesquisa em História. Além de uma centena de artigos publicados, trinta dos quais em revistas internacionais, publicou diversos livros dedicados à pesquisa historiográfica, à teoria da história e aos grandes temas de interesse dos estudiosos da área.

Série História Geral
- *História antiga: Grécia e Roma – A formação do Ocidente*
  Flávia Maria Schlee Eyler
- *Formação do mundo contemporâneo – O século estilhaçado*
  Maurício Parada
– *História medieval do Ocidente*
  Daniela Buono Calainho
– *História moderna – Os momentos fundadores da cultura ocidental*
  Antonio Edmilson M. Rodrigues e João Masao Kamita

Conecte-se conosco:

 facebook.com/editoravozes

 @editoravozes

 @editora_vozes

 youtube.com/editoravozes

 +55 24 2233-9033

www.vozes.com.br

Conheça nossas lojas:

www.livrariavozes.com.br

Belo Horizonte – Brasília – Campinas – Cuiabá – Curitiba
Fortaleza – Juiz de Fora – Petrópolis – Recife – São Paulo

EDITORA VOZES LTDA.
Rua Frei Luís, 100 – Centro – Cep 25689-900 – Petrópolis, RJ
Tel.: (24) 2233-9000 – E-mail: vendas@vozes.com.br